Verena von Asten

# Vergangen, aber nicht vergessen

Eine Kindheit in Ulm in den 30er und 40er Jahren

Mit einem Nachwort von Ulrich Seemüller

klemm +
oelschläger

*Titelfoto: Sommermesse auf dem Münsterplatz, Blick nach NNW, Juni 1942*
*Foto: K. Sigel, Neu-Ulm; Haus der Stadtgeschichte – Stadtarchiv Ulm*

Herzlichen Dank an Frau Nadja Wollinsky vom Haus der Stadtgeschichte – Stadtarchiv Ulm und an Frau Esther Siegmund-Heineke vom Ulmer Museum für ihre Unterstützung bei den Bildrecherchen. Herr Ulrich Seemüller vom Haus der Stadtgeschichte – Stadtarchiv Ulm steuerte ein Nachwort für diesen Bandbei, in dem er die Erinnerungen in den Kontext der Ulmer Zeitgeschichte einbettete.
Hierfür herzlichen Dank.

Autorin und Verlag

© Klemm+Oelschläger, Münster und Ulm 2010
www.klemm-oelschlaeger.de

Bibliografische Information der Deutschen Nationalbibliothek:
Die Deutsche Nationalbibliothek verzeichnet diese Publikation
in der Deutschen Nationalbibliografie; detaillierte bibliografische
Daten sind im Internet über http://dnb.d-nb.de abrufbar.

Alle Rechte vorbehalten. Dieses Buch oder Teile dieses Buches dürfen nicht ohne die schriftliche Genehmigung des Verlags vervielfältigt, in Datenbanken gespeichert oder in irgendeiner Form übertragen werden.

Satz, Gestaltung, Bildbearbeitung: Helmut Schlaiß, Langenau
Einbandgestaltung: Helmut Schlaiß, Langenau
Lektorat: Dr. Maike Kleihauer, Berlin
Druck: Digitaldruck Leibi.de, Neu-Ulm

Printed in Germany

ISBN 978-3-932577-76-5

**Inhalt**

| | |
|---|---|
| Prolog | 6 |
| Der Anfang | 9 |
| Das Kind | 25 |
| Noch ist die Welt in Ordnung | 37 |
| Überleben | 51 |
| Landleben | 65 |
| Flucht | 79 |
| Ausklang | 86 |
| Nachwort von Ulrich Seemüller | 88 |
| Historische Fotos | 94 |
| Ergänzende Literatur | 100 |

**Prolog**

Klassenzusammenkunft in Ulm. Diesmal fahre ich hin. Wer weiß, wie oft in meinem Alter solch ein Treffen in meiner Heimatstadt noch möglich ist.

Wir sitzen in den alten Wirtschaften im Gerberviertel, es wird gelacht, geredet. Im Unterschied zu früher jetzt von den Enkeln. Die Kinder sind längst erwachsen.

Anderntags kaufe ich für meine Enkel Legospielzeug. Die Innenstadt hat sich sehr verändert in den letzten Jahren. Ein Glaskubus schiebt sich zwischen die alten Häuser. Ich mache der Verkäuferin gegenüber eine entsprechende Bemerkung und setze noch hinzu: „Wenn man bedenkt, dass die Stadt im Krieg mal zu 75 Prozent zerstört war."

Das Mädchen schaut mich mit großen Augen an. Davon wusste sie nichts. „Zerstört? Wirklich?"

Das war vor über 60 Jahren, für dieses Kind kaum vorstellbar lang. Vergessen. Wirklich vergessen?

Später mache ich einen Abstecher zu unserem Haus unterhalb der Wilhelmsburg. Natürlich ist es längst in anderen Händen. Es ist kaum wiederzuerkennen. Der Garten ein Wald, die Mauern grau, die Haustüre rissig und geborsten. Hinter dem Dielenfenster neben dem Eingang stehen übereinandergestapelte Schachteln. Das Haus scheint schon längst verlassen zu sein.

Ein Geisterhaus.

Werden, nachdem ich das Haus meiner Kindheit noch einmal gesehen habe, meine sich ewig wiederholenden Träume von Ulm endlich aufhören? Von unserem alten Haus, in das ich im Traum gerade mal einen Fuß hineinsetzen kann, bevor die Traumbilder abreißen. Die Träume von ewigen Reisen, von Gepäckaufladen, von verpassten Zielen, von Felsen, die sich auf dem Weg nach oben vor mir auftürmen, lassen sie mich endlich in Ruhe?

Ich glaube, jetzt ist es an der Zeit, dass ich aufschreibe, wie es damals war.

*Die Villa Wechsler, Frühjahr 1916*

**Der Anfang**

Finde ich ihn dort in jenem dunklen Haus, umschattet von hohen Bäumen, wo sich die Erinnerungen meines Vaters mit den meinigen verflechten?

Soll ich sie aufleben lassen? Den etwas strengen Großvater, vor dem wir richtigen Respekt hatten. Die sanfte, stille Großmutter mit den immer etwas traurigen Augen, die uns in ihrer ruhigen Art so unendlich viel zeigen konnte: alte Bilderbücher, die jungen Kätzchen im Verschlag unter der Treppe, die geheimnisvolle Tuffsteinhöhle im Garten …

Ach, jenen Ort gibt es schon lange nicht mehr. Nur den schweren Steinsockel des Hauses hat der Brand verschont, und auf diesem steht nun ein völlig anderes Gebäude. Aber die Seelen jener Bewohner leben für mich weiter.

*Alter Stich von Ulm. Man erkennt darauf die Villa Wechsler*

Dieses Haus, die „Villa Wechsler", nach dem Namen des Vorbesitzers, eines Tabakfabrikanten, genannt und im Jahre 1866 im Stile eines Lichtensteiner Schlösschens erbaut, hatte mein Großvater, ein Lederfabrikant, im Kriegsjahr 1914 erworben. Damals war diese Bezeichnung

*Wilhelm und Clara Eckart, etwa 1910*

*Eine alte Werbung für das Schreibwarengeschäft der Familie Mayer in Ulm*

durchaus üblich. Ein Fabrikant war ein ehrbarer Bürger mit einer kleinen, überschaubaren Fabrik, der jeden einzelnen Arbeiter kannte und der ganz sicher keinen Arbeiter ausbeutete, auch wenn er, der Choleriker, gelegentlich bei gefährlicher Nachlässigkeit eines Mitarbeiters einen gesalzenen Wutanfall kriegen konnte!

Wie der Großvater die Großmutter kennenlernte, ist leider nicht überliefert. Zur damaligen Zeit herrschten zwar strengere Sitten, die jungen Leute hatten aber trotzdem Gelegenheit, einen passenden Ehepartner zu finden, sei es im Gesangsverein oder bei sonstigen gesellschaftlichen Ereignissen auch bescheidener Art. Fotos von meiner Großmutter Clara Mayer, deren Eltern ein Schreibwarengeschäft mit Buchbinderei führten, zeigen ein recht hübsches Mädchen mit sanften dunklen Augen, die hoch aufgetürmten Haare mit der Brennschere bearbeitet, und streng geschnürter Taille. Diese junge Clara war sehr musikalisch, sie zeichnete auch recht talentiert, war also ein Musterbeispiel für die damals klassische Ausbildung junger Mädchen neben dem Erwerb der üblichen Fertigkeiten im Haushalt.

Den Aufzeichnungen meiner Großmutter Mayer möchte ich eine kurze interessante Passage entnehmen:

„*Nachdem ich die Arbeitsschule und die Tanzstunde hinter mir hatte, kam ich auf ein halbes Jahr nach Baden-Baden zur Erlernung des Haushalts und des Kochens ins Ludwig-Wilhelm Pflegehaus. Das ist eine Stiftung der alten Großherzogin Luise von Baden, der Tochter Kaiser Wilhelms I. Sie kam manchmal ins Stift, und wir 12 Mädchen wurden ihr der Reihe nach vorgestellt. Da musste jede einen tiefen Hofknicks machen bei jeder Antwort und ‚königliche Hoheit' beifügen.*"

Nehmen wir einmal an, Clara Mayer begegnete meinem damals flotten jungen Großvater in der Ulmer Friedrichsau in der *Harmonie* bei einem Musikereignis. Letzterer war den überlieferten Fotos nach ein etwas stämmiger, schnauzbärtiger junger Mann, der mit starrem Blick den Fotografen fixiert. Und da sich bekanntlich Gegensätze anziehen, hat zumindest der Großvater an der künftigen Großmutter Gefallen gefunden, der Choleriker wusste schon damals, dass er eine sanfte, duldsame Frau mit untadeligem Ruf vor sich hatte! So ging das eben damals.

Diese meine Großmutter Eckart hatte in wunderschöner Sütterlinschrift und aus liebendem Herzen für ihren einzigen Sohn, meinen Vater Hans, die bis ins 18. Jahrhundert zurück reichende Familiengeschichte aufgeschrieben. Aus der ersehe ich nun, dass mein Großvater noch einige Geschwister hatte, darunter sogar einen Zwillingsbruder, die, wie es damals nicht ungewöhnlich war, noch im Kindesalter verstarben. Deshalb, im Gedenken an diesen verstorbenen Zwilling Hans, wurde offensichtlich mein Vater auf denselben Namen getauft. Interessant an diesen Aufzeichnungen ist die Art, wie die Ehefrauen von

Onkeln und Großvätern beschrieben sind: als „fleißige, sparsame Hausfrauen", dem damaligen Frauenideal entsprechend. Irgendwie rührend auch das bei den jeweiligen Personen vorgesetzte l. für „lieb", also „Dein l. Papa, Deine l. Tante Emma" etc. Nicht nur diese äußerst wertvollen Erinnerungsdokumente sind für uns interessant, sondern auch die Ausdrucksweise in den Aufzeichnungen.

Was nun die Familie Mayer meiner Großmutter betrifft, hat diese feine, nachdenkliche Frau gewissenhaft die Linien bis 1796 zurückverfolgt, dem Geburtsjahr eines Urahnen, eines Johannes Mayer, der mit 16 Jahren (!) als Tambour den Feldzug gegen Frankreich mitgemacht hat. Wenn man bedenkt, dass es zur damaligen Zeit unser heutiges Deutschland noch gar nicht gab!
Dem Datum 1812 nach muss der Tambour also gegen die Truppe Napoleons, die schon auf dem Rückzug vom Russlandfeldzug war, gekämpft beziehungsweise getrommelt haben. Ulm war nämlich zwei Jahre zuvor von der „Baierischen Provinz Schwaben" durch einen bayerisch-württembergischen Gebietsaustausch an Württemberg gelangt, was übrigens insgesamt in wirtschaftlicher Hinsicht für die Stadt beträchtliche Einbußen bedeutete. Südlich der Donau, also auf bayerischem Gebiet, lagen nämlich wichtige Versorgungs- und Entsorgungseinrichtungen. Damals landeten an der Illermündung die Floße, die Bauholz, Brennholz, Salz, ja sogar Käse aus der Schweiz und dem Allgäu, Weinbergschnecken, Wein und Kirschwasser mitbrachten. Gleichzeitig bildete das südliche Donauufer auch das bevorzugte Naherholungsgebiet der Ulmer – das man damals natürlich nicht mit einem solch modernen Unwort bezeichnet hätte! –, wo man promenierte und in den Schänken einkehrte. Als dann die Donau infolge der Napoleonischen Kriege und der oben erwähnten Gebietsverschiebungen zum Grenzfluss wurde, gab es plötzlich einen Passzwang fürs Spazierengehen, auch für jene

Ulmer, welche jenseits der Donau ihren Arbeitsplatz hatten. Als ich vor vielen Jahren als junges Mädchen vom Donaubad aus, das auf der bayerischen Seite lag, in der Illermündung schwamm, weil dort das Wasser beträchtlich wärmer war, hätte ich sicher wenig Interesse gehabt für die wechselhaften Geschichtsereignisse, die sich gerade an dieser Stelle vor mehr als hundert Jahren abgespielt hatten.

Nun aber zurück zu unserem tapferen Urahn, dem Tambour Johannes Mayer, der also für das Königreich Württemberg in den Krieg zog, und den er offensichtlich heil überstanden hat. Denn später soll er „Zundelbätscher" in Ulm beim Zundeltor gewesen sein. Damals gab es noch keine Zündhölzer, und das Feuer wurde mittels Zunder, Stahl und Feuerstein entzündet.

---

*Exkurs: Ein kurzer Sprung in die jüngere Vergangenheit: Im Trauschein meiner Eltern, deren Hochzeit im Jahre 1930 in Basel stattfand, hatte der Standesbeamte als Nationalität meines Vaters „Württembergischer Staatsangehöriger" vermerkt.*

---

Von einem weiteren Urahnen Molfenter gibt es eine dramatische Geschichte, die uns überliefert ist, nicht zuletzt, weil dieses Ereignis von dessen Eltern durch ein in Auftrag gegebenes Ölbild festgehalten wurde. Dieser Knabe wuchs unter den Donauschiffern auf und fiel eines Tages in die Blau. Er wäre ertrunken, wenn ihn nicht im letzten Moment ein Müllerknecht errettet hätte. Voller Dankbarkeit und bildhaft dargestellt vermerkten die frommen Eltern in einem Gedicht dargestellte Rettung des Knaben wie folgt:

*„Blau, o Blau, du schwache Fluth.
Raubtest uns fast unser Guth:
Wenn nicht Gottes starke Hand
Dieses theure Ehe-Pfand
Unverdient uns hätt erhalten hätt
es müssen gwiß erkalten."*

Votivbild mit Johann Martin Molfenter, 1777,
Öl auf Leinwnd, 87x94 cm, unbekannter Maler.
© Ulmer Museum

Dieses sehr hübsche Ölbild hängt heute noch im Ulmer Museum.

Zurück zu den Aufzeichnungen meiner Großmutter: Der Urgroßvater meines Vaters, Johann Michael Eckart, geboren 1815, war Maler und Lackierer. Er gründete die *Lackierfabrik J. M. Eckart*. Dieser Lack wurde zum Lackieren der Kutschen gebraucht. Der Urahn soll ein rühriger Mann gewesen sein, denn er reiste im Auftrag der Regierung nach Paris und London zur Weltausstellung. Und dann wieder der Hinweis auf die Urgroßmutter meines Vaters, die eine „sehr einfache brave Frau" gewesen sein soll.
Im Jahre 1880 übernahm der Sohn Friedrich Eckart die Fabrik und richtete, sicher als Folge der Lackherstellung, zusätzlich eine Gerberei und Lacklederfabrik ein. Es wurden Koppeln und Tornister verfertigt, und das Geschäft hieß nun *Lackleder- und Militäreffekten-Fabrik*.

*Lacklederfabrik J.M. Eckart*

*Briefkopf mit Werbung für die Lacklederfabrik J.M. Eckart*

*Dieses alte „Geheimrezept" für die Lackherstellung hat wie durch ein Wunder zwei Weltkriege überstanden*

Machen wir wieder einen Generationensprung zur jungen Braut Clara Eckart-Mayer.

Von der in den Aufzeichnungen erwähnten dreiwöchigen Hochzeitsreise meiner Großmutter zu den Schweizer Seen zeugt ein Foto des jungen Paares, der stramme stolze Ehemann mit hellem Hut, Stock in der Rechten, das eine Bein vorgeschoben, den linken Arm lässig angewinkelt. Daneben meine elegante Großmutter mit übergroßem Hut, weiße Batistbluse züchtig hochgeschlossen bis weit zum Hals hinauf, eine Traumtaille, langer dunkler Rock, die Linke auf einen Sonnenschirm gestützt. Darüber die Wedel von Palmen, links der Rücken eines weißen Korbstuhls. So wie es aussieht, südliche Ferienromantik, festgehalten für die Ewigkeit. Aber beide schauen eher ernst und würdig in die Kamera, so wie es damals auch erwartet wurde.

*Meine Großeltern Eckart auf ihrer Hochzeitsreise*

Voller Stolz notiert dann meine Großmutter zwei Jahre nach der Vermählung die Ankunft meines Vaters. Sie schreibt: „Du warst ein gesundes und kräftiges Kind und wuchsest heran zu unserer Freude. Oft mussten wir über Deine drolligen Aussprüche und Einfälle lachen." Ein Foto, auf dem mein Vater als einjähriges Knäblein mit Peitsche neben einem Schaukelpferd abgebildet ist, trägt die Unterschrift „Hans Etat". Offensichtlich hat er sich selbst so bezeichnet. Bei einer Reise nach Berlin habe er, wie die Mutter notiert, sogar den Kaiser gesehen, wie er im Auto vorbeigefahren sei. Die Kindsmagd Anna, der Onkel und

der kleine Hans hätten vom Fenster aus gewinkt und der Kaiser habe freundlich heraufgegrüßt! Was für ein großer Moment für einen Bürger der damaligen Zeit!
Der Erste Weltkrieg lag zwar in nicht allzu weiter Ferne, n o c h war das Land ruhig.

Aus diesen Aufzeichnungen möchte ich auch den denkwürdigen Hausspruch notieren, der dann beim Einzug in die Villa Wechsler im Jahre 1915 an der Außenseite des Hauses eingelassen wurde:

*„Ewiger, hör unsre Bitt'*
*Gib Sieg uns, gib friedvolle Zeiten.*
*Wecke aus blutiger Saat*
*Früchte des Friedens hinfür!"*


Diese Bitte stieß beim Lieben Gott auf taube Ohren, wie die beiden verlorenen Kriege mit all ihrem Leid gezeigt haben. Aus blutiger Saat kann n i e Frieden entstehen, wie es die Zeiten zeigen. Die Villa lag in Trümmern, die Menschheit hat es immer noch nicht begriffen!

Mir liegen nicht nur die Aufzeichnungen meiner Großmutter Clara Eckart-Mayer und meines Vaters aus späteren Jahren vor, sondern sogar die Erinnerungen jener zuvor erwähnten Kindsmagd, die, laut Vorwort meines Vaters, sehr aufschlussreich sind, weil sie in längst vergangene Zeiten Einblick geben. Weiter heißt es: „Das soziale Gewissen war noch sehr wenig geweckt und der Standesdünkel in der Monarchie sehr ausgeprägt. Anna ist noch ein Mensch dieser Zeit. Sie nennt bei allen Personen den Titel und stellt sich selbst zurück. Sie vermeidet das Wort ‚Ich' am Satzanfang, es könnte sonst als anmaßend gelten."

Jene Anna war 17 Jahre bei meinen Großeltern als Mädchen für alles, wobei sie sich immer liebevoll und geduldig um den kleinen Hans gekümmert hat. Nur einen kleinen Abschnitt aus jenen Aufzeichnungen, der die erstaunliche Einstellung jener zierlichen aber starken Frau zeigt, möchte ich als Beispiel anführen. In ihrer vorherigen Stellung musste Anna einen großen Haushalt sowie das Scheuern von Laden und Kontor, außerdem die Pflege von zwei Kindern plus das Zubereiten der täglichen Mahlzeiten bewältigen. Die Kinder hatten Scharlach gehabt, und so schreibt Anna:

„Als sich die zwei Buben nach drei Wochen schälten, musste ich sie baden, jeden Tag (Anmerkung des Autors: Das war schon etwas ganz besonderes zur damaligen Zeit, wo man, wenn es hoch kam, einmal in der Woche badete). Dazu war es Winter, und ich musste das Wasser dazu im Waschkessel machen, der im Hof stand. Dann musste ich das Wasser zwei Stock in einem Waschzuber ins warme Wohnzimmer hinauftragen. Dann setzte ich meine Büblein hinein, ging in meine Küche und fing an, das Essen zu richten. Wenn ich dann nach meinen zwei Büblein sah, da hatten sie kein Wasser mehr, es lief in der Stube herum, und das Wasser ausschöpfen war mir erspart. … Aber ich freue mich über alles und war fröhlich in meiner Arbeit."

Was für eine Lebenseinstellung! Übrigens ist Anna 95 Jahre alt geworden.

Später dann, als der Hausherr sogar tätlich gegen sie vorging, hat Anna gekündigt. Sie arbeitete zwar wie eine Sklavin, aber sie hatte auch ihren Stolz!

Und dann die bemerkenswerten Memoiren meines Vaters. Er schildert eine relativ behütete Kindheit und macht genaue und treffende Beobachtungen der damaligen Lebensweise, die so völlig anders war als unser hektischer Alltag heute, unsere Wohnungseinrichtungen, unsere

Beschäftigungen, unsere völlig neuen Berufe etc. Ich denke, noch nie hat sich das Leben zumindest in Europa, so rasend schnell verändert wie in den letzten hundert Jahren. Die Kindheitserinnerungen meines Vaters lesen sich wie malerische, beschauliche Szenen, die uns als Beobachter vielleicht in zu rosigem Licht erscheinen mögen, obwohl sie eigentlich gar nicht rosig waren. Ein kleines Beispiel dafür, was für ein sensibles Kind mein Vater war ist die Art, wie er das Problem mit seinem Schokoladenhasen löste. Er schreibt: „Diese Hasen taten mir immer zu leid zum Essen. Vermutlich hatte ich die Vorstellung, die Hasen müssten sterben, wenn man sie anbeißt. So wurde das Aufessen immer hinausgezögert. Sie standen wochenlang auf dem Moos zwischen dem Vorfenster und dem Fenster und bekamen einen staubigen Belag." Amüsant auch die damals üblichen Neujahrsbesuche in der weitläufigen Ulmer Verwandtschaft. (Was lief man damals nur schon für unglaubliche Strecken zu Fuß durch die Stadt!) Meinem Vater wurde eingebleut, seine Neujahrswünsche wie folgt anzubringen: „Ich gratulier zum Neujahr und wünsche, dass Du gesund bleibst." Auf gut Schwäbisch klang jedoch dieser Nachsatz eher wie „Ond wensch dass xond bleibsch". Es hat Jahre gedauert, bis mein Vater den Sinn dieses seltsamen Satzes, den er überall brav aufsagte, verstanden hat!

Als mein Vater einmal in einen Staketenzaun gefallen war und die breite Wunde am Handgelenk genäht werden musste, leistete ein im großelterlichen Haus wohnender Wundarzt und Geburtshelfer erste Hilfe. Für heutige Begriffe wäre dies in etwa ein Sanitäter oder Krankenpfleger. Mein Vater erwähnt nicht, wie er das Nähen ohne Betäubung empfand. Aber er bewundert die Geschicklichkeit des Wundarztes, da alles fast ohne Narbe gut verheilte.

Für uns seit Jahrzehnten verwöhnte Bürger lösen auch Vaters Erinnerungen an den allmonatlichen (!) Waschtag widersprüchliche Empfindungen aus: Bewunderung für die eingesetzte ungeheure Arbeitskraft,

Dankbarkeit, dass wir es leichter haben, aber auch so ein Stückchen Nostalgie beim Leser dieser Zeilen: „Eine besonders liebgewordene Erinnerung ist für mich der Waschtag meiner Großmutter. Die im Haus gekochte Wäsche wurde in zwei große Körbe geladen und auf einem Handwagen durch die Altstadt an die Donau gezogen. Wenn die Wäsche hing und die Aufsicht ihre 20 Pfennig erhalten hatte, begann für Großmutter und Enkelkind der gemütliche Teil des Tages. Wir fuhren mit der Fähre auf der Donau hin und her. Für mich Dreikäsehoch ein

*Die Donaufähre und das Häuschen des Fährmanns, ca. 1910*

herrliches Erlebnis. Aber auch meine Großmutter genoss diese freie Stunde, ehe es wieder Zeit war, die trockene Wäsche abzunehmen."
Bleiben wir noch ein Stückchen am Anfang des letzten Jahrhunderts, und zitieren wir aus den Aufzeichnungen des Vaters:
„Die Militärparade auf dem Münsterplatz, meist an Königs Geburtstag, war für die Garnisonsstadt Ulm d a s Ereignis des Jahres. Der König mit seinen höheren Offizieren, alle in Galauniform mit bunten Helm-

büschen aus Rosshaar, nahmen am Münsterportal den Vorbeimarsch ab. In Zwanzigerreihen marschierten die Kompanien im Stechschritt vorbei. Gegenüber den Offizieren spielte die Regimentsmusik Militärmärsche. Das Ganze ein farbenprächtiges Schauspiel. Wer dachte da an die armen Soldaten, die den Parademarsch wochenlang geübt hatten? Auch der Abstand zwischen den Reihen musste zentimetergenau eingehalten werden.

Mein Vater als königstreuer Bürger war von diesem Parademarsch so angetan, dass er seiner Begeisterung in besonderer Art und Weise Luft machte: Er kaufte beim Bäcker zu Ehren dieses Tages drei Törtchen als Dessert! Das war ein unglaublicher Luxus, den es nur einmal im Jahr gab. So bescheiden lebte man damals!"

So könnte man noch lange in diese Erinnerungen aus den Anfängen des letzten Jahrhunderts eintauchen, die Donaufahrten meines Vaters mit Freunden auf der Ulmer Schachtel, die relativ harmlosen Lausbubenstreiche, der Kampf mit strengen Lehrern, die schnell zuhauen

*Mein Vater schreibt: „Unsere Ulmer Schachtel vor dem Start"*

konnten. Über die kaufmännischen und fachlichen Ausbildungen und Lehrjahre liegen Zeugnisse vor, wie sie heutzutage kein Arbeitgeber mehr formulieren würde. Der Lederfabrikant Rehm, dessen Töchterchen meinem Vater seinen Schilderungen nach sehr gut gefallen haben muss, schreibt vom Volontär Hans Eckart unter anderem: „Er hat sich den in unserem Betriebe vorkommenden Arbeiten willig unterworfen …" Oder Fritz Löwenstein Leder-Import und -Export notiert: „Hans Eckart hat die ihm übertragenen Arbeiten mit Fleiß und Gewissenhaftigkeit erledigt und mich mit seinen Leistungen in jeder Weise zufriedengestellt."

Über die Vergangenheit meiner Mutter weiß ich wenig. Die Ahnen meines Basler Großvaters stammten jedenfalls aus dem Schwarzwald. Schon damals vermischten sich die Leute aus den Grenzgebieten durch Heirat. Was hätten meine Schwarzwälder Ahnen wohl gedacht, wenn sie meinen Großvater ein halbes Jahrhundert danach über die „Sauschwobe" hätten schimpfen hören? Uns halben Schwabenkindern hatte dies, als wir mit der Mutter nach dem Zweiten Weltkrieg in die Schweiz flüchteten, sehr weh getan! Immerhin war unser lieber Vater ein Schwabe, aber kein „Sauschwob"!
Meine Basler Großmutter habe ich nicht gekannt. Sie war früh verstorben. Vor dem Großvater hatten wir ziemlichen Respekt. Er zeigte wenig Gefühle, achtete auf Ordnung und Disziplin und strahlte autoritäre Rechtschaffenheit aus, die sich nicht nur auf uns Enkelkinder, sondern auch auf seine Tochter, meine Mutter, erstreckte. Schon damals erfuhren wir, nicht nur durch wenige Andeutungen der Mutter, sondern durch eigene Anschauung, wie unser Onkel, der einzige Bruder, in allen Bereichen bevorzugt wurde. Und doch, nie hat der „Opa Basel" seinen Enkeln gegenüber ein böses Wort gesagt. Wir fühlten nur seine absolute Autorität, achteten sein Wissen und – seltsam genug – freuten

uns umso mehr, wenn er gelegentlich seine Aura von Respektabilität ablegte und uns bei unseren Besuchen in der Schweiz schon mal in den Basler Zoo mitnahm und bei den einzelnen Käfigen die jeweiligen Erklärungen zu den Insassen abgab. Wir durften auch in seinen Büchern stöbern und fanden interessante Fotobände über exotische Tiere. Es war zu jener Zeit der Anfang der heute selbstverständlichen Erkenntnisse über das Wesen der Tiere, über moderne Tierhaltung usw.

Damals lebte meine Urgroßmutter noch, die Mutter meines Großvaters, das „Großmütterli". Ich habe sie als kleines zartes Persönchen in Erinnerung. Schwarz gekleidet, das Gesicht mit hohen Backenknochen, feine Züge, die weißen Haare in der Mitte gescheitelt, mit dem üblichen kleinen Haarknoten im Nacken.

*Urgroßmutter Heitz, das „Großmütterli" mit meiner frisch geborenen Schwester auf dem Schoß*

Sie wurde betreut von einer jener Schwarzwälder Großnichten, einer Kinderkrankenschwester. Noch denke ich an den Tag im Haus meines Großvaters – ich war damals vielleicht zehn Jahre alt –, als wir nach einer guten Mahlzeit aufstanden und das Großmütterli aufs WC musste. Die Großnichte machte sich daran, ihren Schützling am Arm, das Esszimmer zu verlassen. Ich sprang auf und verkündete, ich wolle auch mitgehen. So eine spannende Gelegenheit, eine uralte Frau auf dem Klo sitzen zu sehen, wollte ich mir nicht entgehen lassen. Und wenn Lydia mitkam, konnte ich doch auch dabei sein ... dachte ich ... Klar wurde meine Bitte zu meiner Enttäuschung strikt abgelehnt!

Meine Mutter erhielt die damals für Schweizer Mädchen klassische Erziehung. Nach dem Fachabitur Pensionat im Welschland. In der Schweiz ist man noch heute der Meinung, dass in Neuchâtel das beste

Französisch gesprochen und gelehrt wird. Dann Aufenthalt in England, wo meine Mutter sich mit einer Ulmerin anfreundete. Den Folgen dieser Freundschaft verdanken meine Schwester und ich unsere Existenz! Leider war meine Mutter stark kurzsichtig und musste schon als junges Mädchen eine Brille tragen. Dies Erbteil übertrug sie auch auf ihre Töchter und Enkel. Sie kompensierte ihre Vorstellung, hässlich zu sein, mit Witz und Schlagfertigkeit. Sie lernte – für die Zeit so um 1925 eine Seltenheit – das Autofahren. Sie sprach inzwischen Französisch, Englisch und nach einem Florenz-Aufenthalt auch Italienisch. Dort verliebte sie sich sterblich in einen Sizilianer mit Namen Tanuzo. Doch war sie vernünftig genug, dieser Liebe keine Chance zu geben. Schweren Herzens reiste sie nach Abschluss ihrer Studien wieder zurück, worauf sie eine Stelle als Erzieherin bei einer ostpreussischen Adelsfamilie antrat. Aber viele Jahre später noch sprach sie schwärmerisch von Tanuzo, ihrem sizilianischen Herzensbrecher!

## Das Kind

Schließen wir nun eine Lücke im Kettenglied und führen wir meinen Vater in spe mit meiner Mutter in spe zusammen. Den ruhigen, bedächtigen Mann aus Ulm mit dem schlagfertigen, zielstrebigen Mädchen aus Basel. Sie wurde zur Hochzeit ihrer Pensionatskameradin nach Ulm eingeladen. Letztere hatte als Tischherrn für ihre Freundin Lilly den Vetter eingeladen. Wurde dem Schicksal da ein wenig nachgeholfen? Wir wissen es nicht.

*Meine Eltern, frisch verlobt*

Einige Zeit darauf trafen sich die beiden auf dem Feldberg im Schwarzwald zum Skifahren. Und dort musste mein Vater in seiner eher trockenen Art der flotten Baslerin einen Heiratsantrag gemacht haben. Dies hat uns die Mutter auf unsere neugierigen Fragen hin immer wieder erzählen müssen. Übrigens hatte sie, die sicher bei meinem Vater eine gewisse Romantik vermisste (welcher Mann i s t schon wirklich romantisch?), sich anlässlich ihrer Silbernen Hochzeit nur einen richtig schönen Liebesbrief von ihrem Gatten gewünscht! Den sie auch erhielt, und der sie offensichtlich glücklich machte!

Und nun tauche ich ganz ein in die letzten Tiefen meiner Erinnerungen. Ich sehe mich als kleines Kind auf einem Töpfchen sitzen. Um mich herum die dämmrige Diele, rechts die breite Wohnungstüre mit den Glasscheiben aus geripptem Glas. Ich habe mich mit meinen kleinen Füßen aus dem Kinderzimmer Stück für Stück hinausgeschoben.

Wo ist Mama? Ich rufe laut „F e r t i g". Da kommt Mutter und befreit mich von meinem Thron. Seltsam, dass ausgerechnet solch eine winzige Episode wie ein kurzer Lichtblitz aus allerersten Kindheitstagen im Gedächtnis geblieben ist.

Ein weiteres Bild, schon etwas klarer. Unsere Putzfrau ist da. Sie ist sehr alt, sieht aus wie Oma. (Wahrscheinlich dürfte sie höchstens Mitte vierzig sein, etwas jünger als die liebe Oma Ulm). Frau Wagner erlaubt mir, beim Stufenschrubben im Treppenhaus zu „helfen". Ich umklammere eine große Bürste, die ich mit meinen kleinen Händen kaum halten kann. Aber mit dem seifigen Wasser zu hantieren macht Spaß!

*Stolze Eltern*

Ein Foto aus jener Zeit: Vater im kleinen Garten im Hof hinter dem schönen alten Mietshaus in der Heimstraße, die kleine Tochter auf dem Arm. Sie trägt ein weißes Wolljäckchen, unter dem Wollmützchen fixieren große dunkle Augen den Fotografen. Daneben eine schlanke Mama. Vater und Mutter haben den üblichen freundlichen Blick, den man dem Fotografierenden schenkt.

Und viel später wird mir klar, in was für eine düstere Zeit meine Eltern damals schon hineinschlitterten. Schon 1935 erschienen immer mehr Juden unerwünscht-Schilder an Cafés, Parkbänken und Läden. Die Boykottaufrufe gegen jüdische Geschäfte sich.*

---

*Aus: Amelie Fried, *Schuhhaus Pallas*. München 2008.

Und am 15. Juli 1933, also als ich gerade mal ein Jahr alt war, wurde auch in Ulm auf dem Münsterplatz die öffentliche Verbrennung von Büchern missliebiger Autoren durchgeführt.

Die regionale Hitlerjugend hatte das Spektakel organisiert, das im *Ulmer Tagblatt* so angekündigt wird: „Auf dem Münsterplatz findet eine Verbrennung von volksfeindlichen Flaggen und volksverderbender Schund- und Schmutzliteratur statt. Die Hitlerjugend hat es sich zur Aufgabe gemacht, alles der heutigen Zeit nicht mehr Angepaßte zu vernichten, um die junge Generation mit einem neuen, edleren Geist zu erfüllen".* Diese Aktion muss, abgesehen von allem, was noch weiter in der Stadt eskalierte, der erste furchtbare Kulturschock für viele rechtdenkende Bürger gewesen sein.

Und von all dem hat das kleine Mädchen auf dem Arm des lächelnden Vaters nichts ahnen können.

Dann war mal die Mama eine Zeit lang weg. Inzwischen wusste ich dann, dass sie nach Hause zum Opa Basel gefahren war. Und kam nach einiger Zeit wieder mit einem Baby auf dem Arm zurück. Das sollte also mein Schwesterchen sein.

Später erfuhr ich, dass ich anscheinend eine Zangengeburt gewesen war (eigentlich fand ich das ziemlich spannend). Für die zweite Entbindung wollte sich deshalb meine Mutter in die Hände eines erfahrenen Gynäkologen in das Basler Frauenspital begeben.

*Meine Mutter mit ihren beiden Töchtern*

*Aus: Amelie Fried, *Schuhhaus Pallas*. München 2008.

Meine nächste Erinnerung führt mich ins neue Haus in das Kinderzimmer, das Schwesterchen im Ställchen (gibt es das heute überhaupt noch?), ich draußen auf dem rauen Teppich sitzend, die Sonne scheint ins Zimmer. Nur ein kurzes, friedliches Stimmungsbild, bis sich dann die einzelnen Bilder zu einem immer dichteren Gewebe schließen. Das kleine Mädchen kommt in den Kindergarten in der Friedrichsau. Ein tief hockendes, spitzgiebeliges, uraltes Haus. Drinnen die Spielstube, bunte Klötzchen. Ein wenig verloren sitze ich an einem Kindertischchen mit anderen Kleinen. Es riecht komisch hier drinnen, nach unsauberen Kleidern, ein bisschen nach Land, es müffelt. Und dann am späten Vormittag, kommt – für mich nach 70 Jahren heute noch unvergesslich – der geführte Gang zum Klo. Dieser Abort bestand aus einem länglichen Holzabtritt, in den drei Löcher nebeneinander eingelassen waren. Jeweils drei Kinder mussten also vor den Augen der Kindergärtnerinnen die Höschen runterlassen und sich nebeneinander auf das jeweilige Loch setzen.

*Klein Vreneli im Bleylekleid*

„Ich muss nicht!"
Mein Protest nützt nichts. „Doch, jeder muss! Bleib sitzen!"

Ich glaube, irgendwann hat meine Mutter die schlechte Qualität dieses Kindergartens, in dem ich mich, abgesehen von dem Klo-Horror, furchtbar langweilte, eingesehen und mich, kurz vor Schulbeginn, in einen besseren Kindergarten im Lehrer Tal gebracht, der mir nach den anfänglichen bitteren Erfahrungen wie das Paradies vorkam!

Das Lehrer Tal war weit außerhalb der Stadt. Wenn ich daran denke, welche Distanzen damals zu Fuß oder teilweise noch mit der Straßenbahn von einem Stadtende zum anderen zurückgelegt wurden, kommt es mir heute beinahe unfassbar vor. Vater brauchte den Wagen, um täglich zur Fabrik zu fahren. Der Rest der Familie übte sich wohl oder übel in körperlicher Fitness. Ich weiß gar nicht, wie meine Mutter es mehrere Male in der Woche schaffte, die Einkaufsnetze vom Zentrum auf den Michelsberg hinaufzuschleppen. Klaglos natürlich. Man kannte es ja nicht anders.

Als wir einige Zeit darauf in die Schule kamen, zog in der Nachbarschaft eine Familie mit zwei Töchtern im gleichen Alter wie meine Schwester und ich ein. So kam es, dass wir fast jeden Tag bei uns im Garten oder im Haus spielten und natürlich gemeinsam zur Schule gingen.

Wenn wir morgens, den Ranzen auf dem Rücken, Ilse und Helga abholten, konnte es vorkommen, dass die treue Hilfe Anna gerade mit einem gefüllten Nachttopf aus dem Kinderzimmer kam und Richtung Klo marschierte.

Bei Nachbars wurde es nicht so gerne gesehen, wenn man zum Spielen kommen wollte. Dort gab es fast nur Tabu-Räume für uns Kinder, sodass sich die ausgiebigen phantasievollen Spielnachmittage nur bei uns im Kinderzimmer und in der großen Diele abspielten. Wir imitierten das Leben der Erwachsenen, bildeten Familien mit jeweils zwei bis drei Kindern, unsere Puppen, wobei es ungerechterweise Lieblingskinder und andere gab, zum Beispiel eine Puppe namens Hiltrud. Diesen Namen fand ich so scheusslich, dass das arme vernachlässigte Puppenkind ihn tragen musste! Unsere Männer waren natürlich alle im Krieg. Gelegentlich hielt ich auch mal als Pfarrer eine Predigt. Eigentlich war es nur die Treppenleiter zum Speicher, die mich auf die Idee brachte. Von dort oben herab hielt ich flammende aber recht kurze Reden, da mir nach der anfänglichen Begeisterung bald nichts mehr einfiel.

Da wir ja den halbstündigen Schulweg gemeinsam machten, wurde es uns nie langweilig. Im Herbst raschelten wir neben dem Gehweg im trockenen Laub. Beim Ruhebänkchen unter dem Ahornbaum machten wir Kletterübungen, ja bei Regenwetter sammelten wir einmal Regenwürmer in unseren Kapuzen, um sie nach erfolgter Zählung wieder in die Freiheit zu entlassen. Beim Syrlinsteg, einer schmalen Fußgängerbrücke über die Bahngleise, dort wo es von der Brauerei *Zum Goldenen Ochsen* her tagaus tagein süßlich nach Malz roch, schauten wir oft über die Mauer, ob vielleicht gerade ein Zug einfuhr. Einmal hat Edith, auf die ich noch zurückkomme, eine Mutprobe abgeben wollen, auf die wir liebend gerne verzichtet hätten. Sie balancierte tatsächlich auf dem schmalen Oberteil der Mauer hoch über den Gleisen von einem Ende zum anderen, und wir wagten uns nicht zu rühren, bis sie glücklich und wohlbehalten auf den sicheren Boden am Ende heruntersprang. Nicht auszudenken, wenn Edith auf den Gleisen tief unten gelandet wäre. Aber Edith war schon immer kühner, mutiger als wir anderen Mädchen.

Relativ gefährlich war lediglich der Übergang über die breite Karlstraße. Natürlich gab es damals noch keine Zebrastreifen, geschweige denn Ampeln. So passierte es eines Tages, dass ich etwas unaufmerksam beim Überqueren war und unter ein Fahrrad geriet! Ich rappelte mich hoch, und der Radfahrer fluchte, wodurch ich zu allem Schrecken, in den Ohren sein wütendes „Pass doch auf!", auch noch ein massives Schuldgefühl entwickelte. Schmutzig, mit Schürfwunden und mit angeschlagenem Selbstwertgefühl, trabte ich den anderen nach zur Schule und habe an diesem Morgen ganz bestimmt nicht gut aufgepasst.

Die Keplerschule war ein düsteres Gebäude. Ich verwende bewusst die Vergangenheitsform, denn auch sie wurde beim letzten großen Luftangriff am 17. Dezember 1944 ein Opfer der Bomben. Im Schulhof standen schöne alte Kastanien. Wenn wir ihn beim Durchgang in dem niederen Mäuerchen betraten, hörten wir das ewig gleiche eintönige Summen eines Transformatorenhauses im Hintergrund des Areals. Noch heute habe ich diesen nervigen Ton im Ohr, wenn ich an die Keplerschule denke! Erstaunlich, dass offensichtlich auch das Gehör ein lang anhaltendes Gedächtnis hat! Neben der Schule das ewig stinkende Latrinenhaus.

Die Schulklassen waren groß, meist saßen etwa 40 Schüler in den abgenutzten Bänken mit den durch Kritzeleien und Einkerbungen unzähliger Schülergenerationen verunstalteten Pulten. Vorne in einer Vertiefung das Tintenfass, die Tinte eingetrocknet, denn man durfte sie erst am Ende des ersten Schuljahres gebrauchen. Anfangs benutzten die ABC-Schützen natürlich die Schiefertafel, und sie malten mit quietschendem Griffel ihre Buchstaben darauf. Unsere erste Lehrerin, Frau Holzer, machte ihrem Namen alle Ehre. Sie gebrauchte zwar den Tatzenstecken nicht so oft wie der Herr Kuhn, den wir in der dritten und vierten Klasse bekamen. Aber sie war streng, humorlos (wie fast alle Lehrer damals) und eher ziemlich langweilig, also hölzern eben.

Als später dann Herr Kuhn, ein pensionierter Lehrer, auf uns losgelassen wurde, hatte schon der Zweite Weltkrieg begonnen. Keiner ahnte damals, in was für eine Katastrophe der „Führer" unser Land und damit andere Länder in seinem Wahnsinn hineinführen würde. Die jungen Lehrer waren zum größten Teil an der Front, und so wurde auf die Pensionäre zurückgegriffen. Herr Kuhn hatte ein rasch aufbrausendes Temperament. Bald lernten wir, ihn in seiner Wut zu fürchten. Er war imstande, einer begriffsstutzigen Schülerin den Kopf mehrere Male heftig gegen die Wandtafel zu schlagen, damit sie endlich kapierte, was er von ihr wissen wollte. Stattdessen hat das arme Kind einmal vor unseren Augen vor lauter Angst in die Hosen gemacht. Natürlich verteilte unser Herr Kuhn auch jede Menge Tatzen mit dem Rohrstock auf die Handflächen der Schüler. Ein gütiges Schicksal hat meine Freundin und mich vor seinen Gewalttätigkeiten verschont, da wir anscheinend gute, brave Schülerinnen waren.

In der vierten Klasse gab Herr Kuhn dann auch das Fach Singen. Es war nicht zu vermeiden, dass neben den klassischen Volksliedern auch die gängigen Vaterlandsstrophen drankamen. Als wir *Ich hatt' einen Kameraden* anstimmen mussten, schossen unserem strengen Herrn Lehrer die Tränen in die Augen, und er musste sich offensichtlich sehr zusammennehmen, dass er nicht die Fassung verlor. Wir waren sehr beeindruckt, ja, dieses ungewohnte Verhalten machte uns regelrecht Angst. Später erfuhren wir dann, dass Herr Kuhn zwei Söhne im Krieg verloren hatte. „Gefallen fürs Vaterland!" Heute finde ich diesen Ausdruck, der damals in aller Munde war, nur noch zynisch. Wissen wir doch, unter welch furchtbaren Umständen die Soldaten kämpfen mussten und oft elendiglich gestorben sind.

Nach dieser Erfahrung beim Singen hatte Herr Kuhn in den Augen von uns Schülern, nach der Schreckensherrschaft dieses jähzornigen Lehrers, für ein Mal eine Spur Menschlichkeit gezeigt.

Da Ilse, meine Freundin aus der Nachbarschaft, und ich uns so ab dem dritten Schuljahr uns zu großen Leseratten entwickelten, tauschten wir im Laufe der Jahre sämtliche Kinderbücher unseres Bestandes aus. Dabei waren die Bücher meiner Freundin von ihrer Mama zur Schonung des Bucheinbandes sorgfältig in einheitlich kackbraunes Papier eingeschlagen! Ihr Bücherbord bot deshalb im Vergleich zu dem meinigen mit all den bunten Bücherrücken einen ziemlich sterilen Anblick. Was mich in deren Zimmer auch sehr beeindruckte, war ein Schulpult, das zwischen den Betten stand. An diesem Pult mussten die Schulaufgaben gemacht werden, die auch stetig von den Eltern kontrolliert wurden. Meine Eltern dagegen nahmen dies alles viel lockerer, was uns Geschwistern nicht geschadet hat.

Wenn wir uns nach der Schule auf den Heimweg machten, unternahmen wir gelegentlich unter Leitung der vorerwähnten Edith einen Abstecher zur nahe gelegenen Suso-Kirche, um ein bisschen „Katholischerles" zu spielen. Dazu muss ich erwähnen, dass wir, zwar protestantisch und von unseren Eltern in keiner Richtung beeinflusst, im Unterbewusstsein durch die damalige nationalsozialistische Grundstimmung, die uns umgab, salopp gesagt mit der Kirche wenig am Hut hatten. So schlüpften wir beim Betreten der kleinen stillen Kirche, aus Spaß in die Rolle eines braven katholischen Mädchens. Wir tauchten andächtig die Finger ins Weihwasser, bekreuzigten uns (wahrscheinlich noch falsch herum!), knicksten artig und murmelten vor dem Altar, die Hände gefaltet, eintönige Gebete, von Gekicher unterbrochen. Dann ritt uns der Teufel, und wir kletterten über die Bänke und verließen dann lachend den Ort der Andacht. Ein letztes Gefühl von Anstand hinderte uns daran, wirklichen Schaden anzurichten.

Eine weitere Schulkameradin, Doris Sauer, wohnte am Fuß des Michelsberges. Gelegentlich holten wir sie zur Schule ab. Sie wohnte in einem schönen alten Haus, das zur Straße hin durch eine hohe Mauer mit einer schweren Türe abgeschlossen war. Irgendwie empfand ich es immer als ein Privileg, wenn ich durch diese Türe in den schönen Garten und das Haus eingelassen wurde. Meist fanden wir Doris noch beim Frühstück. Unlustig mümmelte sie an einem Marmeladen-Weggle, unter den strengen Augen der Mutter, die ich insgeheim bewunderte, weil sie viel eleganter als meine Mutter schien. Allerdings konnte ich nicht verstehen, wie man an einem schönen frischen Frühstücksbrötchen so lange rumkauen konnte. Bei uns zu Hause gab es immer „gesundes Schwarzbrot" zum Frühstück.

Irgendwann hatte diese schöne Frau Sauer plötzlich ein Brüderchen für Doris bekommen, was wir als äußerst lästig empfanden. Denn wenn „Brüderchen", dessen Namen ich nie erfahren habe, schlief, wurde die Haustürglocke abgestellt. Und wenn man, wie durch ein Wunder, doch ins Haus gelangte, mussten wir uns mucksmäuschenstill verhalten. Brüderchens Schlaf war heilig. Frau Sauer hatte mich des Öfteren aufgefordert, zu Doris zum Spielen zu kommen, deren wunderschönes altes zweigeschossiges Puppenhaus mich begeisterte. Heute wären solche Raritäten bei Sammlern ein Vermögen wert. Aber Haus samt Puppenhaus versanken an jenem denkwürdigen Dezembertag ebenfalls in Schutt und Asche.

Noch ahnten wir nichts davon und spielten stundenlang ganze Schicksale, die die winzige Puppenfamilie in jenem Haus erleben musste. Gelegentlich steigerten wir uns derart in unsere eigenen Phantasien hinein, dass wir uns einbildeten, draußen im Garten würde auf dem Baum vor dem Fenster ein böser Mann hocken und bald herunterkommen. Wir starrten auf die dunklen Äste, und – ja tatsächlich – dort der Schatten, das waren die Umrisse eines Mannes. Zum Glück wurde unser Spiel dann durch die Mutter unterbrochen, die uns einen Teller Obst brachte, und – siehe da – da war der Mann auch schon verschwunden!

*Die Großeltern und meine Mutter mit den Töchtern zu Kriegsanfang auf der Terrasse der Villa Wechsler*

*Mein Vater hält eine denkwürdige Schlagzeile für die Nachwelt fest, August 1939*

**Noch ist die Welt in Ordnung**

Ist sie das? Trotz gelegentlicher Unsicherheiten: „Warum hat dieser Mann da einen Stern am Ärmel?" Und bei den Antworten der Eltern, die uns nicht befriedigten, konnten wir uns unsere kindliche Welt erhalten. Erst später, als plötzlich die Hannelore nicht mehr zu Schule kam, und die Mädchen sich zuflüsterten: „Das waren Juden, sie haben sich alle im Gasofen umgebracht", bekam unsere heile Kindheit einen heftigen Riss. In unseren Köpfen entstand ein verzerrtes Bild: „Juden sind anders als wir, sie gehören nicht zu uns" ... Und ich denke, dass wir d a s mit dem umgebracht sofort verdrängt, vielleicht gar nicht richtig geglaubt haben.

Aber dann holte uns wieder der Alltag ein, zu dem auch der gelegentliche Besuch bei der Oma Ulm in dem großen alten, über der Donau gelegenen Haus mit den drei Türmchen gehörte. Mutter deponierte uns bei Oma, und diese hatte jede Menge Zeit für uns.
Im Sommer durchstreiften wir den romantischen Garten mit der Steinfigur am Brunnenbecken etwas abseits vom Haus, eine anmutige, halbnackte Frau mit Harfe. Dort in der Nähe stand auch ein kleiner eiserner Gartenpavillon, wie man es damals zum Teetrinken liebte. Ich habe dort allerdings nie Oma und Opa Tee trinken sehen. Das Gelände fiel in mehreren Ebenen zu einem Nebenarm der Blau hinab, zu der früher Großvaters Gänse hinuntergeflogen waren, um für immer verschwunden zu bleiben. Unten gab es eine künstliche Grotte aus Tuffstein, die unsere kindliche Phantasie anregte. Eigentlich wussten wir ja, dass der Löwe dort drinnen aus Ton und etwa so groß wie Opas Hand war. Aber irgendwie gehörtes es zum Ritual, dass man sich einbildete, der Löwe wäre groß und gefährlich lebendig geworden. Wir nahmen allen Mut zusammen und schlichen ins Innere, um dann schreiend wieder hi-

nauszuflüchten. Anschließend führte uns Oma zum Bienenhaus, wo wir angehalten wurden, in gebührendem Abstand zu bleiben. Einmal half sie uns, im Gewächshaus junge Pflänzchen in winzige Blumentöpfe mit vorbereiteter Erde zu setzen. Lange gelebt haben unsere Pflänzchen leider nie.

*Brunnenfigur mit Harfe im Garten der Villa Wechsler*

Oma sorgte auch für unser körperliches Wohl in zweierlei Hinsicht, worauf wir jeweils gerne verzichtet hätten! Bei jedem Besuch steckte sie uns einen großen Löffel voll gesunden Honig in den Mund, den wir als artige Kinder widerwillig hinunterschluckten. Später kam dann die unvermeidliche Frage, die eigentlich eine nett ausgedrückte Anweisung war: „Ihr müsst jetzt sicher mal aufs Häuschen." Und schon hatte sie uns eine nach der anderen in das Klo auf halber Treppe im Eckturm geführt, von wo aus man einen schönen Ausblick auf die Donau hatte, die unten träge vorbeifloss. Bekanntlich hatten damals die WCs einen soliden Holzdeckel und einen Spülkasten oben unter der Decke, von der die Kette mit dem Porzellangriff herunterhing.

Im Frühjahr warf die Tigerkatze ihre Jungen in dem dunklen Eckchen unter der Treppe, wo Oma uns dann leise leise, die zarten mauzenden Fellbällchen zeigte. Waren sie schon etwas größer, durften wir sie auch vorsichtig in die Hand nehmen und streicheln. Was für ein wunderbares Glücksgefühl für uns Mädchen!
Schön war es auch im Winter. Im Esszimmer brannte das Feuer im Kachelofen, ach, wie war das gemütlich! Sogar die getigerte Katze fehlte nicht, die, die Pfötchen nach innen geschlagen, auf ihrem Kissen in der

Ofenecke hockte. Oma und Enkel saßen am Esstisch und schauten die alten, dick kartonierten Bilderbücher an, die noch aus Omas Jugendzeit stammten. Nie vergesse ich das Bild eines neugierigen Affen, der seine Pfote in ein schmales Bonbonglas steckte und sie nicht wieder herausziehen konnte. Natürlich beinhalten diese Abbildungen immer eine moralische Lehre, hier: „Du sollst nicht stibitzen." Aber mir tat nur das Äffchen leid, und ich überlegte noch lange nachher, als schon die nächste Seite dran war, was wohl aus dem Bonbondieb mit der gefangenen Hand geworden war.

Wenn es im ungeheizten Salon nicht zu kalt war, setzte sich unsere Großmutter an das schwarze Klavier mit den zwei Leuchtern vorne und sang uns mit brüchiger, leiser Stimme das Lied von der letzten Rose vor. Und Weihnachten! Der erste Weihnachtsfeiertag bei Oma und Opa im großen Haus mit den Türmchen. Die verschlossene Türe zum Salon. Das Glöckchen. Dann der duftende Baum im Kerzenlicht, zuoberst der Engel mit den Flügeln aus echten Gänsefedern, darunter dann der wunderschöne alte Kaufladen mit einer richtigen, geschwungenen Holztreppe und einer Galerie oben. An irgendwelche Geschenke für uns erinnere ich mich nicht. Ich glaube, das war auch gar nicht so wichtig. Es war der Zauber des Christfestes in diesen alten Räumen, der uns völlig gefangen nahm.

Soll ich nun wirklich diese Idylle mit einem Schlag zerstören, indem ich vorgreife? Bei den ersten Bombenangriffen, etwa 1943-44 bekam die Oma, die inzwischen Witwe geworden war, einen ersten Vorgeschmack auf das, was noch kommen sollte. Eine Phosphor-Stabbombe fiel in die alte Diele, und durch die Erschütterung fiel die Standuhr um und mit ihr die arme Oma. Gottlob war der Schaden an Mensch und Mobiliar relativ gering, und die alte Dame hat den Schock erstaunlich bald überwunden.

Unser Haus stand direkt unterhalb der alten Wilhelmsburg, einer Festungsanlage, die zwischen 1842 und 1844 unter der Leitung des preußischen Festungsbaudirektors Major Moritz Karl Ernst von Prittwitz und Gaffron erbaut worden war. Dem Haus gegenüber stand ein altes langgezogenes Backsteingebäude, wie man es im süddeutschen Raum selten sieht. Im unteren Stockwerk wohnte die schon erwähnte Edith. Sie wusste spannende Spiele. Am liebsten jagten wir beim Versteckspiel mit dem seltsamen Namen Jubussle durch den großen alten Garten. Dabei musste sich nur einer verstecken und dann von allen anderen gesucht werden. Das Spannende an dem Spiel war, dass der Jubussle, wenn man ihn entdeckte, schreiend aus seinem Versteck auftauchte und den Finder zu schnappen versuchte. Dass dies nie ohne Gänsehaut ablief, war gerade der Reiz an dem Spiel. Der Garten dort auf der anderen Straßenseite war für uns Kinder viel schöner, als unsere gepflegten Stadtgärten, weil er nur aus Wiesen, Hügeln, einigen alten Obstbäumen, einer halb verfallenen Remise und einem Gartenhäuschen bestand

Ediths Mutter war eine herbe Frau, die viel schimpfte und deren Hand ihren Kindern gegenüber schnell mal ausrutschte. Ihr Mann war gleich zu Kriegsbeginn eingezogen worden, und ich denke, die Sorge um ihn machte sie so verbittert. Bei mindestens zwei Fronturlauben wurden zwei Jungens gezeugt. Beim zweiten Knaben konnte die Hebamme nicht rechtzeitig eintreffen, sodass die Nachbarin, meine Mutter, bei der Entbindung helfen musste, was anscheinend gut abgelaufen war, nicht zuletzt, da Ediths Mutter sicher schon immer hart im Nehmen war! Natürlich war es Edith, die dann öfters, eher widerwillig, auf ihre beiden Brüderchen aufpassen musste.

Der Garten grenzte an die Wälle, die zu den Festungsanlagen der Wilhelmsburg gehörten. Im Frühjahr wuchsen dort zwischen den grünen Hügeln unzählige Veilchen, die wir eifrig pflückten, zu Sträußchen banden und in einer spontanen Aktion auf der Burgsteige, auf der immer mal Soldaten und Spaziergänger vorbeikamen, verkauften. Bis es unsere Mutter entdeckte und uns ausschimpfte. „Ihr könnt doch nicht einfach so Geld einstecken, das tut man nicht." Unsere Gegenargumente ließ sie nicht gelten. Aber sie machte einen Kompromissvorschlag. „Dann verkauft die Sträußchen wenigstens für die Winterhilfe." Vater besorgte uns eine Sammelbüchse, und so ging die Verkaufsaktion kurze Zeit weiter, bis wir von selbst genug davon hatten.

*Auf dieses Rotkäppchen-Kostüm war ich mächtig stolz!*

Zurück zu den Festungswällen. Im Sommer ließ gelegentlich ein Schäfer seine Herde auf den Grashügeln weiden. Neugierig standen wir hinter dem Zaun aus gespanntem Draht und beobachteten die friedlich grasenden Schafe. Da näherte sich der Schäfer und sprach uns an. Schließlich meinte er: „Kommt mal rüber, ich zeige Euch etwas."

Für uns heutige Menschen läuten da ja schon sämtliche Alarmglocken ... Aber wir waren ja nichts ahnend und entsetzlich naiv. Edith, die abenteuerlustige stieg neugierig über den Zaun. Mir hat wohl ein Schutzengel zugeflüstert „Geh nicht", wie auch immer, ein letzter Rest von Vorsicht hielt mich zurück. Und zu meinem Entsetzen lag Edith schon auf dem Gras, und der Schäfer war über ihr! „Ich muss die Mutter holen", nur dieser Gedanke schoss mir durch den Kopf, und ich raste, stolperte außer Atem durch den Garten zurück zum Haus, wo ich auch sofort Ediths Mutter vorfand. Ich vergesse nie den Schrei, den diese besorgte Mutter bei meinem kurzen Bericht über das seltsame Verhalten des Schäfers ausstieß. Und zurück ging es, so schnell wir konnten. Aber da war der Schäfer schon weitergezogen, und Edith kam uns entgegen. So viel ich viel später erfuhr, als ich überhaupt begriff, was da vor sich ging, war Edith weiter nichts geschehen. Aber die Mutter war natürlich außer sich und meldete den Vorfall der Polizei. Wir wurden kurz darauf einzeln verhört, aber auch nach dieser vorsichtigen Befragung hatte ich immer noch nicht die ganze Tragweite des Vorfalls begriffen. Sex gab es einfach zu jener Zeit nicht, punktum.

Es scheint mir, als ob sich mit den ersten kleineren Bombenangriffen der Horizont meiner Kindheit verdüstert hätte. Mein Vater war schon länger gezwungenermaßen in eine Parteigruppe für Kraftfahrer eingetreten, da er inzwischen eine Fabrik mit kriegswichtiger Produktion, nämlich Koppel und Gürtel aus Leder, für die Wehrmacht betrieb. Aus diesem Grund wurde er auch zum Glück nicht eingezogen. Ich erinnere mich, dass er sonntags öfters von einem Freund, einem begeisterten Nazi, zu Hause abgeholt wurde und mein Vater sich fast jedesmal eine neue Ausrede ausdachte, nicht zur Versammlung der Partei mitkommen zu können, bis er dann schließlich gelegentlich widerwillig nachgeben musste. Viel später berichtete er immer wieder von einem Besuch des „Führers" in Ulm, als jener Freund meinen Vater bei Hitlers flammender Rede anstieß und als dieser in seiner Begeisterung brüllte: „Hans schrei doch auch!" Und dieser ganz ruhig sagte „Wieso soll ich schreien bei diesem Hampelmann da vorne?" Eine solche anarchistische Bemerkung war natürlich sehr riskant dem Nazifreund und eventuellen Umstehenden gegenüber. Aber wahrscheinlich ging diese Bemerkung sowieso im allgemeinen Begeisterungsgetöse unter!

Meine Mutter war immer eine sehr interessierte und kontaktfreudige Frau. Gelegentlich besuchten wir eine ihrer vielen Freundinnen in der Stadt unten, die Frau eines langjährigen Schulkameraden meines Vaters, der auch schon längere Zeit an der Front war. Liesel Bayer wohnte in einem schönen alten Mietshaus aus den Anfängen des 20. Jahrhunderts in der Olgastraße, die seit Längerem schon zum Adolf-Hitler-Ring mutiert war. Tante Liesels Hilfe, die Traudl, eine fröhliche dralle Bayerin wie sie im Buche steht, sollte mit Ilse, Wolfgang, meiner Schwester und mir spielen. Wir Mädchen fanden das toll, nur Wolfgang, der jüngere Bruder, tanzte gelegentlich aus der Reihe. Immer wenn uns dann gegen Abend die Mutter einsammelte, schien es uns noch zu früh zum Heimgehen.
Die beiden Frauen hatten inzwischen ihre Sorgen zur allgemeinen Situation ausgetauscht. Und viel später, als jener 17. Dezember schon hinter uns lag, berichtete meine Mutter, dass Tante Liesel an jenem Nachmittag gesagt habe, sie wüsste genau, dass sie diesen Krieg nicht überleben würde …
Einmal verbrachten wir gemeinsam einen letzten wunderschönen Sommertag auf der Schwäbischen Alb in der alten Jagdhütte meines verstorbenen Großvaters. Meine Mutter hatte beschlossen, dort gründlich zu lüften, etwas auszumisten, aufzuräumen und sauber zu machen. Die Hütte lag eine gute Stunde vom Dorf Hütten entfernt. Aber wir waren ja alle das Wandern gewohnt und liebten den Weg durch eine schmale, von Kalkfelsen gesäumte Schlucht, dem Bärental, bis wir oben auf einer grünen Hochfläche ankamen, die auf der rechten Seite von einem Mischwald gesäumt war. Dort am Ausgang des Waldes lag

die Jagdhütte, in der es immer etwas modrig roch. Es gab kein Wasser, keinen Strom, und Ersteres musste von relativ weither geholt werden. Für uns Kinder ein Paradies! Während die beiden Frauen sich an die Arbeit machten, stapften wir durch die Wiesen, machten Kränze aus Margariten, und Wolfgang stocherte in einem Loch in der Wiese und wurde prompt von einem Schwarm wilder Bienen gestochen, sodass er laut brüllend zur Mutter lief. Gottlob hatte diese Attacke keine weiteren Folgen. Beim Auslüften der muffigen Matratzen entdeckten die fleißigen Frauen zwischen dem angefressenen Inhalt ein Nest frisch geborener Mäuse, die wir Kinder nun mit wohligem Grausen und auch mit Mitleid betrachteten. Ich denke, sie wurden einfach in den Wald weggetragen.

*Ein letzter glücklicher Augenblick für immer festgehalten!*

Ich besitze noch ein Schwarzweißfoto, das mir Wolfgang viele Jahre später zugesandt hat. Es hält jenen unvergesslichen Sommertag in den Wäldern der Schwäbischen Alb fest. Wir Kinder und Tante Liesel sitzen auf einem dicken Baumstamm. Meine Schwester und Ilse halten ihr halb gegessenes Vesperbrot in der Hand, Wolfgang macht Faxen. Tante Liesel schaut etwas besorgt zu ihm hinüber, ich dagegen eher amüsiert. Wir haben die Beine auf einem dicken Stamm aufgestützt, dazwischen wuchert Gras und Farngestrüpp. Über uns breitet sich schützend ein dicht belaubter Ast aus, links die weiten Felder der Hochebene. Ein glücklicher Moment, für immer im Bild festgehalten, bevor das schreckliche Schicksal zwei dieser Leben ausgelöscht hat.

In den ersten Kriegsjahren brachten meine Eltern uns während der Sommerferien für vier Wochen ins Kinderheim ins Allgäu. Ich denke mit gemischten Gefühlen an die Zeit der Trennung von Vater, Mutter und dem Zuhause. Aufbegehren gab es ja sowieso nicht. So akzeptierten wir eben die Regeln des Kinderheim-Alltags, die von der Heimleiterin eingeführt waren. Diese entsprach mit ihren blonden Zöpfen um den Kopf genau dem Klischee der blonden aufrechten d e u t s c h e n Frau, die sie sogar in gelegentlichen nationalsozialistischen Äußerungen verkörperte. Aber eigentlich war das alte Allgäuer Bauernhaus recht gemütlich. Im Aufenthaltsraum ein runder, weiß gekalkter Ofen mit grünen Kachelvertiefungen. Wir versammelten uns im Kreis um die Ofenbank, und täglich wurden neue Volkslieder gelernt und gesungen. Das hat mir immer ein bisschen gegen das latente Heimweh geholfen. Schon damals war die Kost kriegsbedingt karg. Mittags ganz selten Fleisch, dem Brotaufstrich fehlte die Butter. Ich habe noch heute den herben Geschmack des Schwarzbrots mit dünner Marmelade, das damals schon diese ungesunde gelblichgraue Farbe hatte und immer etwas klebrig war, und dazu den übersüßen Himbeersirup auf der Zunge nicht vergessen, das wir nach unseren Spielen oder Ausflügen zum Vesper erhielten.

Es gab auch schöne Momente, die erwähnten Wanderungen in der malerischen Umgebung, wo man dann auch mal etwas übermütiger und ausgelassener sein konnte, die Ruhestunden in der nach sonnenwarmem Holz duftenden, zu den Bergen hin offenen Liegehalle, wo uns oft Geschichten vorgelesen wurden und wo mein Blick weit hinauf auf die besonnten Hänge der Hammerspitze schweifen konnte. Oder dann das alljährliche Sommerfest, wo wir jeweils ein Märchen aufführen mussten. Meine Schwester bekam ihrer langen Haare wegen immer die Rolle der Prinzessin oder der schönen Hauptperson. Ich wählte freiwillig bei dem Märchen *Der Teufel mit den drei goldenen Haaren* die uralte Großmutter und scharte, in einen übelriechenden geliehenen Trachtenrock gekleidet, mit krächzender Stimme meine kleinen Teufelchen um mich. An diesem Sommerfest gabs dann auch zu unserem höchsten Glück warmen Kakao und Hefegebäck!

Was mir schon damals als Kind zu schaffen machte, war die mangelnde Hygiene in dem alten Haus, das lediglich über eine alte Badestube mit Wanne und einem Becken mit Kaltwasser und über zwei WCs für die ganze Belegschaft verfügte. Einmal in der Woche wurden wir einzeln ins Bad gerufen, wo wir dann in der Wanne stehend einen Guss warmen Wassers übergeschüttet bekamen, dann ordentlich eingeseift und wieder abgespült wurden. Unsere Kleider und Wäsche wurde uns ebenfalls einmal in der Woche frisch zugeteilt.

Beim Abschied nach diesen vier Wochen guter Bergluft, täglichem Singen, kleinen Entbehrungen, gelegentlichem Gezänk, Heimwehattacken sowie auch Höhepunkten versammelten wir uns im Kreis auf dem Platz vor dem Haus, gaben uns die Hand und sangen mit teils echter, teils gespielter Wehmut, denn unsere Eltern, juhuii, standen schon mit bereitstehendem Auto im Hintergrund!, das alte Volkslied *Kein schöner Land in dieser Zeit, als hier das unsre weit und breit*, das man mit etwas bösem Willen auch als leicht tendenziös und gut zur damaligen Zeit passend empfinden konnte.

Nachdem in Großmutters Diele die Phosphorbombe eingeschlagen war, beschlossen unsere Eltern, aus unserem Luftschutzkeller einen direkten Ausgang in Form eines unterirdischen Ganges unter dem Abhang des Gartens graben zu lassen. Die Fliegeralarme häuften sich, und sicher hat mein Vater sich vergewissert, dass die Oma künftig bei Alarm in den nahe gelegenen Luftschutzbunker ging. Es hat Jahre gebraucht, bis ich gelegentliche Probe-Sirenentöne ohne plötzliches Herzklopfen anhören konnte!

Was empfindet ein zehnjähriges Mädchen, wenn allmählich die Gefahr immer näher rückt, greifbarer wird? Erst einmal klammert es sich an die vermeintliche Sicherheit durch die Vorsichtsmaßnahmen im Keller. Einen gewissen Schutz bietet für ein Kind der damaligen Zeit auch die Unkenntnis der aktuellen Wirklichkeit. Ein Kind liest keine Zeitung, es gab kein Fernsehen, Radio hörten meine Eltern vielleicht abends, wenn wir schon im Bett lagen. Noch umfing uns eine tröstliche Schutzhülle von Unwissenheit. Die Hitlerwitze, die unsere Mutter sich bei der Buchhändlerin am Münsterplatz ganz am Ende der Verkaufstheke flüsternd und lachend erzählen ließ, oder der Vater, der seine Parteiversammlungen schwänzte, gehörten zum Alltag und ließen mich natürlich schon in etwa ahnen, dass die Eltern den „Führer" gar nicht so toll fanden, wie ich es in der Schule oder später bei den Jungmädels beigebracht bekam.

In der Schule gab es gelegentlich Appelle im Schulhof, die ich in dunkelster Erinnerung habe, nur dass uns Schülerinnen der rechte Arm beim Hitlergruß lahm wurde und wir ihn mit der anderen Hand abstützten, während sämtliche Strophen des Horst-Wessel-Liedes gesungen wurden.

Ja, die Jungmädels! Wie gerne wäre ich auch beigetreten.
„Mutti, a l l e Freundinnen sind bei den Jungmädels. Lass mich doch mitmachen". Ich fand heraus, dass es eine spezielle Singgruppe gab. Dies gab schließlich den Ausschlag, dass die Mutter meinem Drängen nachgab.
„Aber so eine scheussliche gelbe Uniformjacke ziehst Du nicht an!"
So ging das Jungmädel Vreni Eckart als Einzige (!!) in blauem Blazer zu den Treffen der Singgruppe, was diese weiter nicht störte. Mobbing gab es damals noch nicht. Wichtig waren nur das Tuch und der geflochtene Knoten aus Leder, die mir, nachdem ich mich als braves

Jungmädel bewährt hatte, in feierlicher Zeremonie nachträglich umgebunden wurde. Was bei mir ein Gefühlsgemisch aus peinlich und lächerlich berührt auslöste. Natürlich hatte ich inzwischen auch gelernt, den Mund zu halten, wenn es dringendst nötig war!

Und dann gab es jenen schwarzen Tag, an dem wir Jungmädels zu einer Befragung aufgefordert wurden. Sie fand in einem primitiven Büro in einer der engsten Altstadtgassen statt. Ich weiß gar nicht, warum ich diesen Raum bis heute als so düster im wahrsten Sinne des Wortes, ja so beängstigend empfand. Wir sollten ja nur unseren Namen und die Adresse angeben und die Frage beantworten, ob wir arisch wären. Für uns Kinder ein Wort, das wir gar nicht kannten. Und doch spürte ich damals so etwas wie eine Bedrohung, eine undefinierbare Gefahr, die sich in dieser engen dunklen Stube eingenistet hatte. Und dabei war es doch „nur" eine Befragung. Ich wusste sogar durch unsere Gruppenleiterin, dass ich auf die kurze Frage „Arisch?" mit „Ja" antworten sollte. Ich weiß nicht, was da mit mir geschehen war. Mit entsetzlichem Herzklopfen näherte ich mich der uniformierten Beamtin, im Kopf wiederholte ich in nervöser Hektik immer wieder „Vreni Eckart, j a". „Vreni Eckart j a." Als ich schließlich an der Reihe war, versagte mir fast die Stimme, aber es gelang mir, die gewünschte, hundertmal im Kopf wiederholte Auskunft zu geben. Und die Erleichterung war unbeschreiblich groß, als ich der Beamtin den Rücken zukehren konnte.

Ich frage mich, ob all die Monate, in denen wir Kinder einem ständigen Wechselbad der Eindrücke zwischen Eltern, Schule und Jungmädel-Gruppe ausgesetzt waren, erst in diesem Moment ihre Wirkung als schwere Belastung für die Seele eines Kindes als zeigten. Auch wenn wir wenig von allem verstanden, hat unser Unterbewusstsein schon die ersten Ängste aufbauen können.

Gelegentlich musste meine Mutter den Vater im „Kontor" der Fabrik aufsuchen. Meist nahm sie meine Schwester und mich mit, da sie wusste, dass dies für uns so etwas wie ein kleines Abenteuer war.

Der Weg führte über den Bahnhof-Steg, von dem aus man auf die Gleise und die ein- und abfahrenden Züge schauen konnte. Dies war immer mit Lärm, dem Zischen der Dampfloks, dem Quietschen der Bremsen auf den Gleisen und dem hektischen Hasten der Ein- und Aussteigenden verbunden. Auf der gegenüberliegenden Seite endete die abführende Treppe direkt gegenüber der Bleichstraße, wo die Fabrik lag. Dort schien es plötzlich ruhiger zu sein, alte Bäume säumten den kurzen Weg bis zum Eingang der Gebäude. Eine schmale eiserne Treppe führte an der Außenseite des ersten Hauses zum Kontor. Ein kleiner Vorraum gab den Blick frei auf das große Büro, in dem der Buchhalter und einige weitere Angestellte in grauen Arbeitsmänteln beschäftigt waren. Allerdings war dieses durch eine Theke vom Vorraum getrennt, sodass die Lagerverwalter oder Vorarbeiter von dort aus ihr Anliegen vorbringen konnten. Rechts davon dann die Türe zum Allerheiligsten, dem Kontor des Chefs. Vor wenigen Jahren noch war der zweite Schreibtisch, dem meines Vaters gegenüber, von meinem Großvater belegt. Mit gebührendem Respekt betraten wir jedesmal den Raum, in dem in einer hohen Vitrine prächtige mit Messing-Applikationen bestückte Pickelhauben und Helme aus der lange Jahre zurückliegenden Produktion der Lacklederfabrik ausgestellt waren. Sogar ein breites grünsamtenes Sofa stand an der Schmalwand, auf dem wir sitzen sollten, bis mein Vater Zeit für uns hatte. Dann führte er uns durch die einzelnen Gebäude und Fabrikhallen, die erfüllt waren mit stampfendem Lärm und undefinierbaren Gerüchen. Zuerst aber gingen wir in das große Büro, wo wir artig dem Buchhalter, Herrn Bosch, die Hand geben und „Grüß Gott" sagen mussten. In den Lagerräumen stieg mir der kräftige Ledergeruch wohltuend in die Nase. Es blieb uns aber auch nicht erspart, in die stinkenden Bottiche der Gerberei zu schauen, wo die Häute eingelegt wurden. Geduldig erklärte uns der Vater den Ablauf bei der Herstellung des Leders. Dies führte dazu, dass wir abends, wenn Vati uns am Bett gute Nacht sagte, mit ihm ein Fragespiel spielten. Er musste uns erklären, wie man Papier macht, wie man Glas macht, wie man Stoff macht, bis die Frage kam „Wie macht man Tempo-Taschentücher?", und der Vater, des Beschreibens müde, einfach behauptete, das wäre ein Herr Tempo gewesen, der diese erfunden hätte, was wir ihm auch, wie alles, was er uns erklärte, glaubten. Erst viel später fanden wir heraus, dass er uns für ein Mal an der Nase herumgeführt hatte!

Inzwischen hatten wir Freundinnen, außer Edith, die Aufnahmeprüfung in die Mädchen-Oberschule bestanden, und unser Schulweg änderte sich entsprechend, obwohl er nicht kürzer wurde als zuvor.
Wenn ich daran zurückdenke, scheint es mir, als ob diese Zeiten mit Fortschreiten des Krieges im wahrsten Sinne des Wortes von Dunkelheit umhüllt waren.
Unsere Parallelklasse bekam leider die beliebtere Lehrerin, die andere Hälfte wurde von Fräulein Mesmer, eine Art Frau Holzer, geleitet. Wir waren also die B-Klasse, was wir angesichts der Tatsache, dass es bei uns vielleicht ein paar weniger Leuchten als in der A-Klasse gab, bis zur Mittleren Reife wie einen leichten Makel trugen! Ein kleines Licht in der allgemeinen Trübnis war das Fach Englisch, das mir Freude machte.

**Überleben**

Wir alle wussten nicht, dass dies der letzte einigermaßen normale Unterricht in einem normalen Schulgebäude gewesen war. Kurz darauf beanspruchte die Stadt die Räumlichkeiten der Mädchen-Oberschule für Unterkünfte des Militärs.

Von da an wanderten wir Schüler für einzelne Unterrichtsstunden innerhalb der Stadt in die unterschiedlichsten Lokale. Es ist bezeichnend, dass meine Erinnerung hier regelrecht blockiert ist. Ich habe mich offensichtlich den Tatsachen gegenüber verweigert. Es gipfelte darin, dass ich an einem kalten Wintertag, als es beim Nachmittagsunterricht in einem Raum des Schwörhauses schon dämmerte, in einen ganz eigenartigen Zustand des Wegdriftens geriet.

N o c h können wir Schlittenfahren ohne Gefahr. Dabei Hund Waldo

Es war kein Schlaf, das weiß ich genau. Es war wie eine absolute Gleichgültigkeit, ein Verschließen gegen die Worte der Lehrerin, ein totales Abblocken, und ich weiß auch gar nicht, wie ich danach mit der Freundin nach Hause kam!

Heute würde man all diese seelischen Belastungen, die unausgesprochenen Ängste und die permanente Unsicherheit eines Kindes von einem Therapeuten behandeln lassen. Wir alle mussten damals sehen, wie wir damit zurechtkamen. Nachträglich denke ich, dass es angesichts der Gefahren gerade für die Eltern in der Verantwortung ihren Kindern gegenüber schrecklich gewesen sein musste. Ich glaube, dieser dunkle Schulnachmittag im Schwörhaus war dann auch einer der letzten Schultage, da meine Eltern uns schlichtweg verboten, wieder in die Stadt hinunterzugehen und die Schule, die ja kaum noch eine war, zu besuchen.

Denn es blieb nicht bei der Phosphorbombe in Großmutters Türmchen-Haus. Immer wieder gab es Fliegeralarm. Das Leben änderte sich bedrohlich. Jeder von uns bekam einen Luftschutzrucksack, in dem das Allernötigste zum Leben verstaut war und den wir bei Alarm sofort auf den Rücken nehmen mussten. Das Skifahren im Winter am Alten Fritz hinter unserem Haus musste eingestellt werden. Zu groß war die Gefahr, dass wir vom Fliegeralarm mitten am Berg überrascht wurden.

Inzwischen hatte die ganze Nachbarschaft beschlossen, in gemeinsamer Arbeit unter dem Wall neben der Festungskasematte einen sicheren, tiefen Luftschutzbunker zu graben. Die Männer hatten einen Pressluftbohrer organisiert, andere sorgten für die Holzverkleidung. Anscheinend hatte die Bürokratie wegen eines Eingriffs in städtisches Gelände in diesen Zeiten auch keine Einwände mehr. Und so wurde in kürzester Zeit in gemeinsamer Arbeit der Bunker gegraben und mit Holz ausgekleidet. Die Männer bohrten, die Frauen und wir Kinder bildeten eine Kette und gaben die mit Erde gefüllten Eimer weiter nach oben. Schließlich war der Bunker bis auf die Eingangstüre bezugsbereit. Eine steile Treppe führte nach unten in einen langen Gang, der von Nischen mit Sitzbänken unterbrochen wurde, in denen dann die einzelnen Gruppen sitzen konnten. Einen gewissen Stolz auf die gemeinsam geleistete Arbeit und ein Gefühl der Sicherheit in diesem Bunker hat wohl jeder in der Nachbarschaft empfunden.

Kurz vor der vorerwähnten Ausgangssperre für uns Geschwister kam für die Jungmädels ein denkwürdiger Tag. Die Singgruppe sollte bei

General-Feldmarschall Rommels Staatsbegräbnis Spalier stehen und singen. Rommels Familie lebte in Herrlingen in der Nähe von Ulm, und jener war gegen Kriegsende den Heldentod gestorben.

In Wahrheit eine Farce. Wie wir heute wissen, war es zwischen Hitler und Rommel, der fast während des ganzen Krieges treu zu Hitler gehalten hatte, in den letzten Kriegsjahren zu Spannungen gekommen. Im Juni/Juli 1944 war Rommel zu der Einschätzung gekommen, dass der Krieg zu diesem Zeitpunkt nicht mehr zu gewinnen war. Er wagte es, Hitler darauf hinzuweisen, er sollte aus dieser Situation Konsequenzen ziehen, was die Spannungen noch erhöhte. Außerdem stand Rommel unter Verdacht, von dem Attentatsversuch auf Hitler gewusst bzw. sogar daran beteiligt gewesen zu sein. Dies alles führte schließlich dazu, dass am 14. Oktober 1944 zwei Adjutanten Hitlers Rommel in Herrlingen aufsuchten und ihn nach Vorlage von belastendem Material vor die Alternative stellten, sich selbst zu töten oder sich vor dem Volksgerichtshof zu verantworten. Zwar war Rommel überzeugt, dass es sich dabei um eine Intrige handelte, aber er widersetzte sich nicht. Im Auto fuhr er mit den beiden Generälen bis hinter die Ortsgrenze von Herrlingen, wo er sich mithilfe der von den Männern mitgebrachten Giftampulle das Leben nahm. Rommels Ehefrau wurde anschließend mitgeteilt, ihrem Ehemann sei während der Fahrt unwohl geworden und er sei schließlich an den Folgen einer Embolie verstorben. Der Öffentlichkeit gegenüber wurden die tatsächlichen Umstände seines Todes verschleiert. Offiziell sprach man von einem Autounfall, damit der Nimbus des unbesiegbaren Soldaten nicht getrübt wurde. So wurde Rommel am 18. Oktober im Rahmen eines Staatsaktes in Ulm beerdigt.

Und nun zu dem nicht mehr so kleinen Mädchen, das mal wieder einen verbalen Kampf mit den Eltern ausfocht, weil es bei diesem feierlichen Ereignis unbedingt auch dabei sein wollte. Es ging für das Mädchen schlecht aus. Da es angeblich erkältet war, musste es zu Hause bleiben. Meine Eltern (und sicher auch viele andere Aufgeklärte) mussten geahnt haben, unter welchen Umständen Rommel zu Tode gekommen war und was für teuflische Intrigen das Regime gesponnen hatte. Dies ist auch an den Traueransprachen angesehener Generäle in den leidlich bekannten Wortfloskeln, die uns erhalten sind, zu ersehen.

Noch bevor unser Bunker oben auf Straßenniveau durch eine Türe verschlossen werden konnte, häuften sich die Alarme und fast jedesmal fielen Bomben.
Ulm besaß schon damals bedeutende Industrieanlagen, und der Hauptbahnhof war ein wichtiger Knotenpunkt für Menschen und Güter in alle Richtungen.

So eilten wir jedesmal in den kaum fertiggestellten Schutzraum. Das dumpfe Rumpeln, wenn irgendwo oben die ersten Bomben fielen, erschreckte natürlich am meisten die Kinder. Meine Schwester musste sich jedesmal erbrechen, sodass meine Eltern, fatalistisch, wie sie sich anpassten, den sogenannten Kotzeimer gleich in den Bunker mitnahmen. In unserer Nische saß eine Familie von Nachbarn aus unserer Straße, die Mutter von sechs Kindern und stolze Trägerin des Mutterkreuzes. Dies bezüglich eine ungenierte Aussage meiner Mutter: „Sie lässt sich prämieren wie eine Zuchtsau", eine Bemerkung, die uns Geschwister nachhaltig beeindruckte, und die zumindest ich, die ich kein kleines Mädchen mehr war, durchaus nachvollziehen konnte. Ich war nicht mehr ganz naiv, hatte meine Beobachtungen gemacht, kannte die Einstellung der Eltern und wusste, wo Mundhalten angebracht war. Sehr spannend und fast schockierend fanden wir dann den Anblick der Mutterkreuzträgerin, die ihr jüngstes Kind im Bunker stillte. Da gab es zeitgemäß bedingt bei uns Null Toleranz!

Inzwischen war auch die Lebensmittelknappheit deutlich spürbarer geworden. Das, was die Abschnitte der bunten Lebensmittelmarken hergaben, war absolut minimal. Es entstanden Rezepte für Kriegskuchen, Tipps zum Fettsparen, natürlich den bekannten Ersatz-Malzkaffee. Südfrüchte ein Fremdwort. Meine Mutter, die ohne die morgendliche Tasse Bohnenkaffee sozusagen nicht leben konnte, trocknete auf dem Heizkörper in der Küche den Papierfilter samt Kaffeesatz, um ihn noch im zweiten Aufguss am nächsten Morgen verwenden zu können. Der kostbare Bohnenkaffee kam aus einem der letzten Liebesgabenpakete aus der heilen Schweiz. So wurde eines Tages zur Sommerzeit mit den letzten Haselnüssen, Margarine, Mehl, Zucker und kostbaren aufgesparten Eiern aus dem Wasserglas-Tontopf im Keller ein Schwäbischer Johannisbeerkuchen gebacken. Gerade als der Kuchen, ein wahres Prachtexemplar, das an weit, weit zurückliegende Friedenszeiten erinnerte, fertig war, heulte die Sirene. Kurz entschlossen packte meine Mutter das Blech, und wir eilten mit unserem üblichen Gepäck zum Bunker, der inzwischen auch eine gut schließende Türe hatte.

Welche Gedanken gehen einem Menschen in solch einem Moment durch den Kopf? Auch w e n n nachher unser Haus nicht mehr steht, den Kuchen haben wir wenigstens gerettet ... Es ist absurd, grotesk. Vielleicht kann das nur verstehen, wer solchen lebensbedrohlichen Situationen täglich gegenübergestanden hat. Auf dem Weg zum Bunker, ich sehe noch heute den Augenblick vor mir, stolperte meine Mutter auf dem Kies vor der Garage des Nachbarn, und der köstlich duftende, frisch gebackene Kuchen landete mit dem Teig nach oben im Kies. Und wie eine Furie bückte sich meine Mutter und schaufelte mit verbissenem Eifer die Kuchentrümmer zurück ins Blech, ich half ihr dabei, immer das Sirenengeheul im Ohr. Schließlich rannten wir weiter zum schützenden Bunker. Ob wir dann dort das ganze Obstkrümelkieselgemisch gemeinsam verspeisten, weiß ich nicht mehr, nehme es aber mit Bestimmtheit an!

Eines Tages dann muss in der Stadt das E-Werk getroffen worden sein, und überall fiel das Licht aus. Kriegserfahren wie viele der Einwohner inzwischen waren, hatten auch meine Eltern sich vorher schon eine Petroleumlampe besorgt. Und hier wieder ist in meinem Inneren ein Moment eingebrannt, den ich bis an mein Lebensende nicht vergessen werde. Ich stehe in der Küche, in der meine Mutter irgend etwas zubereitet. Auf dem vor Kurzem installierten alten Küchenherd für Holzfeuerung steht eine angezündete Petroleumlampe, deren weißliches, schwaches Licht seltsame Schatten an die Decke wirft. Das übrige Haus ist bis auf ein paar Kerzen im Wohnzimmer in Dunkelheit gehüllt. Und wie ein Blitz überfällt mich der Moment, wo ich ganz plötzlich das ganze Ausmaß der Gefahr realisiere, und wie eine Welle überschwemmt mich die Todesangst.

„Mutti, werden wir alle sterben?"

Was antwortet eine Mutter auf diese Frage eines verängstigten zwölfjährigen Mädchens, zumal wenn sie sich schon immer um Ehrlichkeit bemüht hat?

„Ich weiß es nicht" wäre ein genauso bedrohlicher Satz gewesen. Ich glaube auch nicht, dass sie mich auf den Lieben Gott verwiesen hat, der unser aller Schicksal in Händen hält. Schließlich hat der Liebe Gott den Krieg nicht angezettelt. Es muss für meine Mutter ein furchtbarer Moment gewesen sein, zu wissen, dass sie ihrem eigenen Kind keine beruhigende Antwort geben konnte. Es kann aber auch sein, dass man durch die ganzen letzten Jahre so hart geworden war, dass solch ein Moment in dem ganzen Chaos relativ wenig zum Bewusstsein kam. Mein einziger, minimaler Trost war die Nähe meiner Familie. Irgendwann kam der Strom wieder, und es klingt vielleicht seltsam, mit dem Verschwinden der ungewohnten Dunkelheit ließ auch meine Angst etwas nach.

Und dann kam der 17. Dezember. Ein Datum, das jedem alten Ulmer

in ewiger Erinnerung geblieben ist. Wir alle, auch wir Kinder, wussten, dass der Krieg, wie auch immer, zu Ende gehen musste. Die Nachrichten am Radio mit ihrer schwülstigen um Heroismus bemühten Berichterstattung konnten nicht verbergen, dass es hohe Verluste und überall Rückzug gab.
Weihnachten stand vor der Tür. Da war nichts zu spüren von froher Erwartung, von Vorbereitungen, von Plätzchenbackdüften. Einen Baum hatten meine Eltern im Garten abgesägt. Nach Tannen sollte es wenigstens duften, und Kerzen und Weihnachtskugeln gab es auch.

Es war am frühen Abend. Wir saßen soeben beim Nachtessen. Wieder einmal Fliegeralarm. Wieder rasch Mantel an, Rucksack auf. In der Dämmerung hasteten Vater, Mutter und wir Mädchen samt Kotzeimer zum Bunker. Und diesmal gings sofort los. Ununterbrochenes Rumpeln, schwere Stöße, ein heftiges Beben, sodass der ganze Bunker zitterte. Letzteres war das Schlimmste. Wir wussten wirklich nicht, ob er dieser Gewalt standhielt. Wir hielten uns aneinander fest, die Kinder heulten, wimmerten. Es schien, als ob dieses Tosen kein Ende nehmen würde. Und irgendwann kam schließlich der gleichmäßige Sirenenton, der Entwarnung bedeutete. (Entwarnung, was für ein skurriles Wort, gab es das überhaupt vor den beiden Kriegen?)

Mit zitternden Knien stiegen wir die feuchten Holzstufen hinauf ins Freie. Trotz der Dunkelheit sahen wir hinter den Bäumen die Stadt Ulm im Feuersturm. Ein gespenstischer Geruch von Rauch erfüllte die Nacht. Was müssen unsere Eltern empfunden haben, als wir uns auf den Weg zum Haus machten und sie sich fragten, „Steht unser Haus noch?" Ja, es stand noch. Unsere Füße traten auf Glasscherben. Der ungeheure Luftdruck hatte sämtliche Scheiben im Erdgeschoss bersten lassen. Im Esszimmer war der Käfig mit dem Kanarienvogel auf dem

Boden gelandet. Das Tier lebte noch und schien keinen Schock erlitten zu haben. Die Schüssel mit Kartoffelsalat, ebenfalls auf dem Boden, war gespickt mit Glassplittern.

Ich weiß nicht mehr, wie wir alle den Rest der Nacht verbrachten. Manchmal, noch in heilen Zeiten, durften meine Schwester und ich zu meinen Eltern ins Bett schlüpfen, ins Gräbele, die Ritze zwischen den beiden Ehebetten. Und ich kann mir denken, dass wir auch in dieser Nacht, als die Dezemberkälte von unten durch die leeren Fensterrahmen drang, bei Vati und Mutti Zuflucht fanden.

Zuerst aber waren das Vordringlichste die leeren Fensterhöhlen und das Einsammeln der Scherben. Erfinderisch wie einen die Kriegsjahre inzwischen gemacht hatten, nagelten meine Eltern alle verfügbaren Teppiche vor die offenen Fenster, sodass sie wenigstens e t w a s gegen die Kälte schützten.

Und dann kam das Weihnachtsfest. Der Ausdruck „Fest" in diesem Fall ein Hohn. Und so seltsam es klingen mag, als wir alle in der teppichverhüllten Wohnstube um den im Kerzenlicht strahlenden Christbaum standen, fühlten wir uns getröstet, wir Kinder unbewusst, dankbar, dass wir alle noch im verschonten Haus beieinander waren, und ein ganz klein bisschen weihnachtlich. Ich weiß noch, dass für mich unter dem Baum eine große Blechschachtel Buntstifte lag, über die ich mich wie ein Schneekönig freute.

Irgendwann ließ das Feuer in der Stadt nach, und mein Vater machte sich auf den schweren Weg zur Erkundung der Lage. Er war allerdings schon sicher, dass die Fabrik zerstört war, denn sie lag ja in der Innenstadt. Dass Oma noch lebte, hatten wir, wie auch immer, erfahren. Aber was war mit Omas Haus, was war mit Liesel Bayer und ihren Kindern? Eine schreckliche Ungewissheit.

Als der Vater mit steinernem Gesicht zurückkam sagte er als

Allererstes:„Ihr Kinder dürft auf k e i n e n Fall in die Stadt gehen, noch sehr lange nicht!"

Er war erschüttert vom Ausmaß der Zerstörung, vom Gestank, von den immer noch schwelenden Trümmern, von den herumirrenden Menschen, die sich zwischen den zerstörten Häusern zu orientieren versuchten. Die Fabrik, das Werk von mehreren Generationen, war gänzlich ausgebrannt. Bei einem Gebäude standen die Außenmauern noch, es wurde später als Erstes mit neuem Mut wiederaufgebaut.

Die Villa der Oma war bis auf die Grundmauern durch Sprengbomben zerstört worden. Die alte Dame war vorerst bei einer Freundin unter-

*Das ausgebrannte Fabrikgebäude. Im obersten Stock die 1947 eingebaute Notwohnung*

gekommen, die ihr das Gästezimmer im unversehrten alten Mietshaus überlassen hatte. Und dann berichtete der Vater, dass Liesel Bayer und Ilse tot aus den Trümmern des Hauses geborgen worden waren und dass er und die Mutter sie in den nächsten Tagen identifizieren sollten. Wolfgang war wie durch ein Wunder lebend herausgekommen. Vielleicht hatte er sich von der Hand der Mutter losgerissen? Ich fühle noch heute den Schock und die verzweifelte Trauer, die unsere Eltern

nicht mehr vor uns verbergen konnten und die uns alle ergriff. Ein weiterer Gedanke war, falls der im Krieg vermisste Karl Bayer doch lebend zurückkam, wie konnte man ihm beibringen, dass seine Frau und sein Töchterchen nicht mehr lebten?
Einige Zeit später kamen meine Eltern zurück aus der Stadt. Sie hatten die beiden Leichen als Liesel und Ilse Bayer identifiziert. Es muss eine furchtbare Aufgabe gewesen sein, und sie haben nie darüber gesprochen.

Anfang Januar durften wir Wolfgang zu uns nehmen, bis seine Oma und die Tante, die auf dem Land unversehrt geblieben waren, das Kind abholen konnten. Wolfgang war stumm! Er konnte nicht mehr sprechen. Er schaute uns Geschwister mit großen Augen an, in denen die Angst stand. Der Schock hatte ihm die Sprache verschlagen. Meine Eltern kümmerten sich liebevoll um ihn, und nach einigen Tagen kam die Stimme wieder, anfangs krächzend, wahrscheinlich auch durch den Rauch, wobei wir alle drei, wie Kinder nun mal sind, darüber lachten. Vielleicht hat das Wolfgang sogar gutgetan. Dann, als die Tante eintraf, um ihn abzuholen, war die Stimme wieder normal. Aber wir sahen, dass der Junge über den Anspruch von Tante und Oma, ihn zu sich zu nehmen, nicht sehr glücklich war. Ihm hätte es unter den Ersatzgeschwistern, die wir fast bis an sein Lebensende bleiben sollten, besser gefallen.

Über Wolfgangs tragischen weiteren Lebensweg könnte man einen ganzen Roman schreiben. Das Erlebnis mit dem Verschüttet-gewesen-Sein hat sein ganzes späteres Leben geprägt.

Die Zeit zwischen jenem 17. Dezember und der Einnahme der Stadt Ulm durch die Alliierten hinterlässt in meiner Erinnerung ein schwarzes Loch. Natürlich hatte man inzwischen erfahren, welche Gebäude komplett dem Erdboden gleichgemacht und welche – Gott sei's gedankt – erhalten geblieben waren. Unter Anderem ein Teil der Altstadt mit dem schönen Rathaus und dem Schwörhaus. In den Chor des Münsters, dem Wahrzeichen der Stadt, waren einige Bomben gefallen, die, da die wertvollen Fenster des Chores verlagert worden waren, keinen allzu großen Schaden angerichtet hatten.

Ich bin sicher, dass wir in diesen vier Monaten bis zum Kriegsende kein einziges Mal in der Stadt gewesen sind. Vielleicht der Besuch bei der Oma in der Wohnung ihrer Freundin, das Marionettentheater von Onkel Fritz. Fiel das noch in diese dunklen Monate? Ich glaube kaum, denn weiterhin bestand ja die Gefahr einzelner Luftangriffe.

Ich möchte aber doch vorgreifen und von dem Hobby meines Großonkels Fritz berichten. Er besaß eine ganze Anzahl wunderschöner Marionettenfiguren, mit denen er im Freundeskreis kleine Theaterstücke aufführte. Die Stadt war ausgehungert nach Kultur. Und so kam es, dass eines Tages ein öffentliches Marionettenspiel *der Historie von Der schönen Lau* von Eduard Mörike aufgeführt wurde, und zwar in einem der wenigen Wirtschaftssäle, die wie verstreute Perlen einer zerstörten Kette zwischen den Trümmern erhalten geblieben waren.

Für ein paar wenige Stunden wurden wir verzaubert von den anmutigen Figuren dort auf der magisch beleuchteten kleinen Bühne, von der schönen Lau mit dem Fischschwanz, die im Blaubeurer Blautopf wohnt und den Jüngling um Sinn und Verstand bringt. Nie wieder in späteren Jahren habe ich eine Aufführung jeglicher Art so sehr mit allen Sinnen aufgesogen wie dieses einzigartige Märchenspiel in dem kleinen warmen Saal der alten Gastwirtschaft.

Später dann gab es zum ersten Mal ein richtiges Theaterstück, nämlich den *Götz von Berlichingen*. Den speziellen Umständen entsprechend als Freiluftaufführung auf dem Platz beim Rathaus. Eine effektvolle Kulisse bildete ein aus der Ruine eines ehemaligen Jahrhundertwendehauses halb erhaltenes Ecktürmchen, von dem aus Götz von Berlichingen dann den bekannten Ausspruch herunterbrüllte, auf den wir jungen Menschen schon lange vorher gewartet hatten! Solche allerersten Kulturevents blieben mir fest im Gedächtnis haften.

Zurück zu den wenigen Monaten bis Kriegsende. Schon in den ersten Frühjahrswochen hörte man schreckliche Nachrichten von den russischen Alliierten, die im Norden und Osten des Landes einfielen, von Vergewaltigungen und anderen Gräueltaten.
„Was ist das, Vergewaltigungen?", fragte ich Edith. Edith hatte mich schon zuvor auf ziemlich stümperhafte, hässliche und halb richtige Art aufgeklärt, sodass ich ihre Worte vorsichtshalber mal grundsätzlich infrage stellte. „So eine Sauerei machen meine Eltern bestimmt nicht."
Und so wurde auch die Antwort auf meine erneute Bitte um Aufklärung ziemlich kritisch aufgenommen. Aber irgendwie schaurig klang das alles schon.
Und wieder die Ängste. Was geschah mit uns, wenn „der Feind" kam? Würden die Soldaten uns erschießen? ... Unsere Eltern versuchten, uns zu beruhigen, vielleicht auch, uns abzulenken. Ich kann mir vorstellen, dass die Erwachsenen nach all den Schrecken, den Entbehrungen, den Ängsten der letzten sechs Jahre inzwischen einen gewissen Fatalismus entwickelt hatten. Man wusste, der Krieg kann nun nicht mehr lange dauern. Wenn wenigstens dieser Horror vorüber wäre. Konnte da noch viel Schlimmes kommen?
Als dann die Alliierten auf die Stadt Ulm zu rückten und sich der Kanonendonner immer mehr näherte, verspürten wir alle eine seltsame Spannung. Ich kann nicht genau sagen, ob wir wussten, dass wir von der amerikanischen Armee beschossen wurden und nicht von den Rus-

sen oder Engländern. Und von jenen hatte man kaum Gräuelgeschichten gehört. Lag in jener Spannung auch so etwas wie Neugier und ein Vorschuss an Erleichterung, dass nun der Krieg bald zu Ende sein musste? In diesen letzten Tagen blieben wir im Bunker, bis der Beschuss zum Stillstand kam.

Um es gleich vorwegzunehmen, später wird in verherrlichenden Berichten von der Befreiung gesprochen. Als ob wir alle jubelnd den Amerikanern entgegengestürmt wären, jubelnd darüber, dass Hitler nun keine Macht mehr über das gebeutelte, ausgeblutete, zerbombte Deutschland hatte. Nein, so war es nicht.

Als wir die ersten kakifarbenen Soldaten auch in unserem Quartier patrouillieren sahen, hatten wir ganz einfach mal Angst. Unsere Eltern scheuchten uns ins Haus. Aber die Besetzung der Stadt ging relativ ruhig vonstatten, bis auf einen äußerst dramatischen Moment, der sich kurze Zeit später in unserer Nachbarschaft abspielte. Ediths Mutter war kurz nach der Einnahme der Stadt schreiend und weinend zu meiner Mutter gelaufen.

„Die wollen ihn erschießen", schrie sie in heller Panik. „Sie können doch Englisch", rief sie unter Schluchzen, sodass meine Mutter alles stehen und liegen ließ und auf die Straße rannte. Wir wissen nicht, wer nun dieser junge Mann in abgerissener Zivilkleidung war, ein Verwandter, der bei Ediths Familie Unterschlupf gesucht hatte? Jedenfalls vermuteten die Amerikaner einen flüchtenden Soldaten, mit dem sie offensichtlich kurzen Prozess machen wollten. Meine Mutter sprach mutig die beiden Besatzungssoldaten auf Englisch an und konnte sie schließlich überzeugen, dass der junge Mann wirklich ein Zivilist war, ein Angehöriger der Familie, sodass sie den zitternden Mann wieder laufen ließen.

Die wenigen Wochen, die wir nach Kriegsende noch im Haus bleiben konnten, brachten weitere Unruhe. Zwar blieb die verhasste Sirene stumm, kein Kanonendonner war mehr zu hören. Dafür mussten wir jeden Moment mit befreiten ehemaligen polnischen Gefangenen rechnen, die in sämtliche Häuser eindrangen und in meist schon angetrunkenem Zustand nach Uhren, Fotoapparaten, meist aber nach Schnaps verlangten. Meine Eltern gaben ihnen widerstandslos alles, was sie verlangten. Zu unberechenbar und leicht reizbar benahmen sich die Eindringlinge. Als aber schließlich kein Wein, geschweige denn Schnaps mehr im Haus war und die nächste Truppe ins Haus drängte, war diese mit der Auskunft „Nix mehr Schnaps, nix mehr Wein" gar nicht zufrieden. Unverzüglich stürmten sie in Küche und Keller, bis sie in der Waschküche fündig wurden. Auf dem Seifenregal stand eine Flasche mit flüssiger Seife, die sich der Anführer voller Freude und Gier sofort an den Mund setzte. Mein Vater hat nie den Moment vergessen, wie der Mann im wahrsten Sinne des Wortes vor Wut schäumte! Es war eine äußerst gefährliche Situation. Wer weiß, was der enttäuschte Mann in seiner Wut uns allen angetan hätte. Aber vielleicht haben ihn die schadenfroh lachenden Kameraden an weiteren Aktionen gehindert. Im Eiltempo verließen sie den Keller, zurück blieb die zerbrochene Flasche auf dem Boden, aus dem die kostbare Seife floss!

**Landleben**

Da man ja nie gewusst hatte, ob unser Haus von den Bombardierungen verschont bleiben würde, hatte mein Vater sowie auch mein damals noch lebender Großvater in weiser Voraussicht einige Maßnahmen ergriffen. Aus der Fabrik, die ja bis auf e i n  Gebäude mit erhaltenen Außenmauern völlig zerstört wurde, hatte mein Vater zuvor schon eine beträchtliche Anzahl Ledervorräte sowie Nähmaschinen aufs Land verlagert. Außerdem wurden von beiden die wertvollsten alten Möbel und Bilder in leere Schweineställe, Bunker und Kasematten „verlagert", wieder so ein Ausdruck, der typisch für die Kriegszeit ist! Natürlich immer mit dem Risiko, dass etliches davon gestohlen oder zerstört wurde. Zusätzlich hatte mein Vater in jenem Dorf, wo die Nähmaschinen zur Lederverarbeitung in einem großen Saal des *Adlers* standen, auf einer Wiese ein Behelfsheim in Form einer Baracke auf Betonsockeln aufstellen lassen. Dieses Heim wurde mit den notwendigsten Möbeln und Geräten, also mit Betten, Kommode, Kleiderschrank, Tisch und Stühlen sowie Küchengeräten und Geschirr, und dem Allerwichtigsten, einem Zimmerofen versehen, sodass wir im Ernstfall dort Unterschlupf finden konnten.

Und dieser Ernstfall kam eines frühen Abends auf uns zu. Es läutete an der Haustüre. Mein Vater öffnete. Vor ihm standen zwei amerikanische Soldaten. Der offensichtlich Ranghöhere forderte ihn kurz angebunden auf, innerhalb kürzester Zeit das Haus zu verlassen.
Obwohl meine Eltern mit solch einer Ausweisung gerechnet hatten, musste es doch ein Schock gewesen sein, als dieser Moment Wirklichkeit wurde in Form jenes unerbittlichen amerikanischen Soldaten, der dort in der dunklen Garderobe stand. Was sind schon zehn Minuten, um seine Habseligkeiten zu raffen?

Mutter riss von jedem unserer Betten die Daunendecken herunter und drückte sie uns, zusammen mit den Luftschutrucksäcken auf den Rücken und in die Arme. Ein letzter Blick zurück. Ich weiß, dass in jenem denkwürdigen Augenblick meine Kindheit für immer in der Vergangenheit versunken ist.

Da es schon gegen Abend zu ging, war nicht daran zu denken, ein Fuhrwerk aufzutreiben und aufs Land zu unserer Baracke zu fahren. So musste unsere liebe Nachbarin die vier Flüchtlinge für eine Nacht unterbringen. Meine Eltern schliefen im Esszimmer, in dem die Nachbarin zwei Gastbetten stehen hatte. Meine Schwester und ich kamen in einem Kämmerchen im Keller unter, wo wir uns ein Bett teilen mussten. Ich weiß noch, wie ich kurz vor dem Einschlafen den komischen schmalen Streifen öffnete, den ich trotz der Proteste meiner Mutter von einem Amerikaner geschenkt bekommen hatte. Es sollte so etwas wie ein kleiner Trost sein. Zu meiner Enttäuschung jedoch sah ich, dass es sich nicht, wie erhofft, um ein Stückchen Schokolade handelte, sondern um einen amerikanischen Kaugummi, den ich schließlich zögernd in den Mund schob. Irgendwie war mir nicht wohl dabei, das Verbot der Mutter – „Kind, von den Siegern nimmt man n i c h t s an!" – , der süßliche Pfefferminzgeschmack, die Enttäuschung, dass das Ding nur zum Kauen, war und der Schock der vergangenen Stunden vergällte mir die Freude an dem freundlich gemeinten kleinen Geschenk des Soldaten. Seit jenem Abend habe ich nie mehr Kaugummi gemocht!
Ich bin sicher, keiner von uns hat in dieser Nacht ruhig geschlafen. Uns war buchstäblich der Boden unter den Füßen weggezogen worden. Nebenan in unserem Haus bevölkerten weiß der Himmel wieviele Soldaten unsere Räume, kochten mit unseren Töpfen und Pfannen, lümmelten sich auf unseren Sesseln, die Stiefel auf dem Couchtisch, schliefen in unseren Betten, benutzten im Bad unsere Handtücher (die

so kostbare Toilettenseife hatte meine Mutter vorsorglich vorher schon eingepackt). Unser Kanarienvogel hatte, vielleicht zu seinem Glück, schon vor der Einquartierung das Zeitliche gesegnet. Ich denke, das Erlebnis mit dem fliegenden Käfig am Abend des Bombenangriffs war schließlich doch zu viel für sein kleines Vogelherz gewesen.

Am nächsten Morgen kümmerte sich mein Vater als Erstes um das Fuhrwerk, das er zuvor schon zusammen mit zwei kleinen kräftigen Pferdchen für die allerersten Fahrten der Firma organisiert hatte. Und so packten wir nach einem herzlichen Dankeschön bei der Nachbarin unsere wenigen Koffer und Rucksäcke samt Daunendecken auf die Ladefläche des Fuhrwerks, und ab gings nach Elchingen, einem kleinen verschlafenen Dorf in Bayern in der Nähe der Iller. Das klingt nun schon wieder ein bisschen nach Abenteuer. Und ich muss zugeben, für uns Kinder war diese gemächliche Fahrt entlang der staubigen Landstraße durch die sommerliche Landschaft, in den Ohren das Klappern der Pferdehufe, über uns der blaue Himmel, tatsächlich so etwas wie eine Verheißung auf ein ganz neues, ein gänzlich andersartiges Leben! Schließlich hielt das Fuhrwerk auf dem schmalen Weg unterhalb des Obstgartens, auf dem unsere Baracke stand. Weiter unten duckte sich ein altes, etwas verkommenes Bauernhaus, umgeben von einem mit allerhand Gerümpel vollgestellten Hof.

Die Baracke bestand aus einem Raum, der auf einer Längsseite je einen winzigen Elternschlafraum und einen solchen für uns Mädchen aufwies, in dem nur ein Hochbett und ein metallener Spind Platz hatten. Die Elternkammer füllten die beiden Betten vollständig aus. Zwischen diesen beiden Räumen befand sich die Kochnische mit Ausgussbecken, die einzige Spül- und Waschmöglichkeit des „Hauses"! Vor der Kochnische das Allerwichtigste, ein Kohleofen, der zum Heizen und zum Kochen diente. Zum Entsetzen meiner Mutter war das Plumpsklo am

*Unsere Holzbaracke in Unterelchingen ‚1945/46*

seitlichen, bewaldeten Hang noch nicht angeliefert worden. Die Grube war zwar schon ausgehoben, aber das Häuschen fehlte! So musste vorerst die ganze Familie mit Mutter Natur vorliebnehmen! Gottlob war es ja draußen warm, und für uns Mädchen gehörte auch dies zum abenteuerlichen Leben. Nach einigen Tagen traf schließlich zu unser aller Erleichterung das Klohäuschen ein.

Die ersten Tage in dem beengten Raum, die Nächte auf den schmalen Hochbetten, waren ungewohnt. Und, obwohl wir nicht darüber sprechen wollten, hatten wir oft schmerzliches Heimweh nach Ulm, nach unserem Haus und nach den Freundinnen. Aber schließlich hatten wir Kinder uns eingelebt. Vorerst war ja, so direkt nach Kriegsende, an einen normalen Schulbetrieb nicht zu denken.

Recht bald lernten wir andere Kinder aus dem Dorf kennen, etwa wenn wir unten im *Adler* Bier holten. Eigentlich das Einzige, was es ohne

Lebensmittelmarken gab. Manchmal durften wir auch die Häuser dieser Kinder betreten, wo zu unserem ganzen Glück schon mal eine der Mütter für uns alle einen Kuchen backte. Eigentlich hatten wir damals immer Hunger, oder besser gesagt, Lust auf leckere Sachen. Denn der Magen war ja gefüllt mit Karoffeln, Rüben und Brot! Manche der Kinder machten sich auch auf den Weg zur großen Durchgangsstraße, wo sie bei den vorbeifahrenden amerikanischen Jeeps gelegentlich mit Erfolg um tschocklet bettelten. Klar, dass uns dies unsere Eltern strikte verboten hatten.

Meine Schwester hielt sich gerne in den Kuhställen auf und versuchte auch das Melken. Übrigens war sie, ohne es zu realisieren, beim Pfarrer des Dorfes unangenehm aufgefallen, weil sie ihn nicht, wie im Dorf üblich, respektvoll mit „Gelobt sei Jesus Christus" begrüßt hatte.

In jenem alten Haus unterhalb unserer Wiese wohnte ein mürrischer alter Mann, der Ferde (von Ferdinand), von dem wir uns fernhielten. Er musste eine Einquartierung, nämlich Flüchtlinge aus dem Osten Deutschlands dulden. Noch heute habe ich die gellende Stimme der Flüchtlingsfrau im Ohr, wie sie in langsam anschwellendem Ton nach ihrer Tochter rief: „R o o o o s i i i."

In dem kleinen Hof vom Ferde gab es auch einen leer stehenden Hundezwinger, in dem er angeblich mal einen zahmen Fuchs gehalten hatte. Wie so Mädchen eben sind, beschlossen wir zusammen mit den Dorfkindern, dort mal aufzuräumen, Hausputz zu machen und uns unsere Wohnung samt Küche einzurichten. Vorher schon hatten diese uns das Alte Glomp gezeigt. Heute würde man das wilde Mülldeponie nennen. Was h a t t e n wir dort nicht schon für Schätze gefunden! Eine ganze Schachtel Glasaugen in den unterschiedlichsten Augenfarben (rätselhaft, wer so etwas warum besessen bzw. entsorgt hatte), alte Blumentöpfe, die wir zum Dekorieren unserer Wohnung mitnahmen, sowie verbeulte Kochtöpfe aus Blech, die wir nun – hygienebewusst wie wir immerhin waren – mit kaltem Wasser (!!) gründlich wuschen, bevor wir darin eine Maggisuppe kochten. Inzwischen reiften in der Hecke um die Obstwiese die Holunderbeeren, mit denen wir eifrigen Köchinnen einen schwarz glänzenden, recht seltsam schmeckenden Holunderbrei kochten. Als es uns allen schließlich furchtbar übel wurde, und die Mutter herausfand, woran das lag, verbot sie uns, weiterhin in diesem dreckigen Fuchsstall zu spielen.

Gelegentlich bekamen wir auf unserer Wiese, die ja gar nicht die unsrige war, Besuch von ein paar Kühen, die dort den Tag über grasen sollten. Leider bevorzugte eine davon jedoch, wie wir mit Schrecken bemerkten, auch unsere zum Trocknen aufgehängten Küchentücher und versuchte, sie zu verschlingen. Tapfer näherte sich meine Mutter der hungrigen Kuh und zog energisch am freien Ende des Tuches, bis es wieder fast unversehrt aus dem Schlund befreit war. Wir Kinder fanden das natürlich schrecklich lustig.

Übrigens machten sich meine Eltern Gedanken, wie meine Mutter ihren Schmuck, der zum Teil aus wertvollen alten Familienstücken bestand, sicher unterbringen konnte. Aber Not macht erfinderisch. Und so entdeckte meine Mutter eine kleine Aushöhlung im oberen Teil des Stamms eines der Obstbäume, in die sie dann das Schmucksäckchen an einer langen Schnur hinunterließ. Natürlich war es Ehrensache, dass dies ein Familiengeheimnis blieb.

Einmal waren wir zu unserer Freude, genau wie alle anderen Dorfbewohner, zur Hochzeit der Bäckerstochter eingeladen. Aber leider, leider durften wir nicht an dem sehnlichst erhofften Hochzeitsschmaus teilnehmen. Die Gäste zogen lediglich an der stolz präsentierten Aussteuer der Braut und den erhaltenen Geschenken vorbei, die bewundert werden mussten.

Noch waren Sommerferien, aber meine Schwester, die noch das Alter für die Dorfschule hatte, bekam zu Ohren, dass sich die anderen Kinder Gedanken machten, wie schwierig der Kampf gegen die zu erwartenden Kopfläuse bei ihren schönen langen Haaren sein würde! Als dann später tatsächlich die Läuseinvasion auf Heidis Kopf landete und sie mit petroleumgetränktem Kopf und einem festen Turban zur Schule gehen musste, wurde uns bewusst, was so ein Landleben für unterschiedliche Facetten aufweist! Und doch, Freunde aus Ulm beneideten uns sogar um das scheinbar idyllische Leben draußen auf dem Dorf, das wir liebend gerne gegen unser Haus in der Stadt getauscht hätten. Und so bekamen wir öfters Besuch aus Ulm, der, da die meisten der Freunde kein Auto oder auch Benzin mehr hatten, mit dem Bummelzug ankam. Es wurden Spaziergänge gemacht, Neuigkeiten aus der Stadt ausgetauscht. Aber logischerweise erinnere ich mich nicht an irgendeine Mahlzeit, an Kaffee oder Kuchen, die bei diesen Gelegenheiten angeboten wurden. Es war wirklich eine Zeit der ständigen Entbehrungen und Hungerphantasien. Ich erinnere mich, sogar die Dorfbewohner um ihr schönes Gemüse in ihren Gärten beneidet zu haben.

Eines Tages erhielten meine Eltern die Nachricht, dass der vermisste Mann der beim Bombenangriff umgekommenen Freundin mit einem Transport von Heimkehrern aus russischer Gefangenschaft in Ulm eintreffen würde. So beeilten sie sich, möglichst rechtzeitig dort anzukommen, um als Erste die traurige Nachricht vom Tod seiner geliebten Frau und dem Töchterchen zu überbringen, bevor er hilflos vor der Ruine seines Hauses stehen würde, nicht wissend, wo der Rest seiner Familie verblieben war. Was für eine schwere Aufgabe für meine Eltern, seine alten Freunde! Wie ich später erfuhr, hatte Karl die Nachricht mit einiger Fassung aufgenommen. Übrigens hatten ihn meine Eltern bei der Ankunft des Heimkehrertransports auf dem Bahnhof kaum wiedererkannt. Sein Gesicht und sein Körper waren durch Wassereinlagerungen ganz aufgedunsen. Wenigstens konnte er bald darauf bei seiner Mutter auf dem Land seinen kleinen Sohn in die Arme schließen.

Kurz darauf erhielten wir am Telefon im *Adler*, dessen Besitzer für uns Mitteilungen entgegennahm, die Nachricht, unser Hause wäre wieder frei geworden. Die Nachbarin und ihre Tochter, die immer ein Auge darauf warfen, hatten den plötzlichen Abzug der Amis, wie man sie damals nannte, beobachtet und drängten uns, baldmöglichst nach Ulm zu kommen, um vom Recht, unser Haus wieder zu bewohnen, Gebrauch zu machen.

In aller Eile wurde in Elchingen die Baracke abgeschlossen, und wir machten uns auf den Weg nach Ulm. Auf welchem Weg, weiß ich nicht mehr. Irgendwann wird wohl mein Vater seinen Wagen wieder in Betrieb genommen haben. Der Anblick vom Inneren des Hauses verschlug uns buchstäblich die Sprache! Es sah aus, als ob eine Horde Halbwilder in den Räumen gehaust hätte. Das geringste Übel waren noch die ausgespuckten Kaugummis, die überall, aber auch wirklich überall klebten. In einer Wäschekommode fand meine Mutter eine Bratpfanne mit einem fertig gebratenen Schnitzel. Was das ausgerechnet d o r t zu suchen hatte? Ein Rätsel. In Konflikte brachten uns die vielen weggeworfenen Lebensmittel. Ganze Weißbrote und noch gut erhaltene andere Nahrungsmittel lagen in Eimern. Meine Mutter blieb standhaft. Es wurde nichts für den eigenen Bedarf genommen.

Und so machte sich meine Mutter daran, mithilfe unserer treuen alten Putzhilfe, die den Bombenangriff mitten in der Altstadt heil überstanden hatte, einen Raum um den anderen gründlich zu säubern. Wir Kinder mussten uns in dem am wenigsten verdreckten Gästezimmer auf der Ostseite des Hauses aufhalten, das die fleißigen Frauen als Erstes wieder in Ordnung gebracht hatten. Still und etwas bedrückt saßen wir auf den Gastbetten und warteten auf weitere freie Räume. Und so arbeiteten sich die beiden Frauen durch Badezimmer, Küche, Wohn- und Esszimmer und konnten so auch gleich feststellen, was fehlte und was gottlob noch vorhanden war.

Jedoch, ach, die Freude, wieder im eigenen Heim zu wohnen, war von kurzer Dauer. Vielleicht eine Woche danach kam eine neue Truppe, die das Haus konfiszierte. Wieder mussten wir in aller Eile alles stehen und liegen lassen. Die Nachbarin versprach, weiterhin das Kommen und Gehen nebenan im Auge zu behalten. Und kurz darauf kam wieder die Nachricht: Das Haus ist frei! Diesmal waren meine Eltern klüger und sorgten dafür, dass weitere Wertgegenstände wie Bilder und kleine Möbel, Wäsche und Küchenutensilien und unsere geliebten Kinderbücher nach Elchingen kamen, bevor alles mitgenommen oder zerstört werden konnte. Ich weiß nicht mehr, wie oft sich dieses Hin und Her wiederholte, das heißt rasch kommen, gründlichst putzen, bis alles wieder bewohnbar war, dann erneute Beschlagnahmung, warten, kommen, putzen, wohnen, gehen.

Inzwischen erkannten wir auch, wie unsere diversen Nachbarn sich in dieser unserer Notsituation verhielten. Die Nachbarin zur Linken hatte uns beim ersten Mal gastfreundlich aufgenommen und uns sofort benachrichtigt, wenn das Haus frei war. Die andere dagegen, deren Mann noch in Kriegsgefangenschaft war, hatte ein „Gschpusi" mit einem der Amerikaner in unserem Haus angefangen. Dies sah meine Mutter, als sie eines Tages dort läutete, um irgendetwas Wichtiges aus dem Haus zu erbitten. Die Nachbarin meinte ganz freundlich: „Kommen Sie ruhig näher."
Stolz wie meine Mutter schon immer war, antwortete sie: „Nein danke, ich bleibe in meiner Garderobe."

Sie hatte jedoch leider sehen müssen, wie das Nachbarskind im Wohnzimmer mit unserer Puppenstube spielte. Mit u n s e r e r Puppenstube! Da kommt Wut auf, Enttäuschung und auch Traurigkeit über die Kehrseite mancher Mitmenschen! Dem Amerikaner hätte man notgedrungen das Recht zugestanden, als Eroberer der Stadt in unserem Haus über den gesamten Inhalt zu verfügen. Aber unserer Nachbarin mit Kind, die auf gleicher Ebene wie wir alle war? ...

Körperlich wurde uns Kindern viel abverlangt. Neben den Zeiten, in denen wir uns in den Kuhställen und im Dorf rumtrieben, mussten wir auch so einige Pflichten übernehmen. Dazu gehörte auch, dass wir sehr früh morgens mit dem Milchkessele aus Aluminium in die Molkerei am Ende des Dorfes gehen mussten, um uns die Familienration an Magermilch aus der großen Metallkanne eingießen zu lassen. Wenn ich daran denke, habe ich noch heute diesen ganz speziellen süßlichen Geruch in der Nase, ein widerliches Gemisch aus Milch und Aluminium. Getrunken haben wir die dünne Milch trotzdem.

An einem heißen Spätsommertag gab es große Aufregung im Dorf. Einer der größeren Jungen hatte auf einem Acker eine Handgranate gefunden, die er neugierig aufgehoben hatte, worauf sie sofort explodierte und ihm die Hand abriss! Einer der Freunde war voller Panik in den Ort zurückgerannt, worauf sich rasch die schreckliche Nachricht unter den Leuten verbreitete. Notarztwagen gab es damals natürlich keine. So wartete man eben, bis der Junge selbst, von einem Kameraden gestützt, zu Fuß zurückkam. Ich weiß nur noch, dass ich mich über diese Tatsache am meisten wunderte. Ich dachte, man wäre gleich tot, wenn einem die Hand abgerissen wurde. Man war schon sehr hart im Nehmen damals!
Bei einer unserer wenigen Fahrten nach Ulm hatte meine Mutter es

eingerichtet, dass wir alle drei bei einer uns kaum bekannten Anwohnerin der Straße baden durften. Welch ein Ereignis! Ein warmes Wannenbad, der pure Luxus für uns Dorfbewohner! Ich rechne es der Frau noch heute hoch an, dass sie meiner Mutter dies köstliche Angebot gemacht hat.

Trotzdem hat dies einmalige Reinigungsritual nicht verhindern können, dass ich eines Tages ein scheussliches Furunkel unterhalb der Rippen entwickelte, das auch sehr weh tat. Der herbeigerufene Arzt meinte, es käme vom Vitaminmangel und auch durch die ganze unsaubere Lebensweise bei uns im Behelfsheim. Ein bisschen haben wir uns dabei geschämt. Er drückte das Furunkel aus und versorgte es mit einem sterilem Verband. Ich hatte lange danach noch eine Narbe zurückbehalten. Eine unschöne Erinnerung an Elchingen!

Zum Herbstbeginn erhielten wir die Nachricht, dass die Schulen in Ulm wieder beginnen würden. Natürlich sollte der Unterricht, wie schon in den letzten Kriegsjahren, in Notunterkünften gehalten werden. Meine Schwester war schon in der Dorfschule angemeldet. Für mich hieß das aber, dass ich n o c h früher wie sonst morgens aufstehen musste, um den weiten Weg zum Bahnhof anzutreten, der weit außerhalb des Dorfes lag. In die Molkerei musste meine Schwester nun alleine gehen. Mit dem ständig überfüllten Bummelzug ging es dann nach Ulm, wo ich natürlich zu Fuß zu den im Stundenplan angegebenen Lokalen in Gemeindesälen, in einer Uhrenfabrik oder im Nebenraum einer Wirtschaft wanderte. Erstaunlicherweise machte mir der Unterricht sogar plötzlich Spaß. Der Kontakt mit den früheren Schulkameradinnen, von denen offensichtlich alle den Bombenangriff heil überstanden hatten, und das Lernen, das wieder mal das Denken in Gang brachte, machte mir Freude.

Leider konnte ich erst am frühen Abend den Zug zurück nehmen. So hatte meine Mutter mit Vaters Kusine, deren Wohnung unbeschädigt war, ausgemacht, dass ich bei Tante Trudel jeweils zu Mittag essen durfte und anschließend dort gleich die Hausaufgaben machen konnte. Tante Trudels Wohnung war für mich so etwas wie eine heile Welt. Alles hatte seinen Platz, alles war genau geregelt, kein Stäubchen, kein Fältchen war zu sehen. Dafür sorgte nicht zuletzt die treue Hilfe Gerda, die jedoch, wie es zu jenen Zeiten üblich war, ganz selbstverständlich in der Küche ihr Essen einnahm. War man drinnen mit der Suppe fertig, drückte Tante Trudel auf die Klingel neben ihrem Teller – ich weiß noch ganz genau, es war eine Klingel aus Alabaster – dann kam Gerda herein und sammelte die Teller ein. Tante Trudel war immer sehr höflich und freundlich mit ihrem Dienstmädchen. So durfte man die treuen Seelen damals noch ungeniert nennen!

Anstrengend waren die Fahrten im Bummelzug. Im Abteil wurde ständig heftig geraucht. Man konnte kaum etwas sehen, so dick stand der Rauch in dem niedrigen Zugabteil. So zog ich es vor, draußen auf der Rampe zu stehen, wo ich durchatmen konnte, wo es aber auch heftig zog.
Und so blieb es nicht aus, dass ich eines abends nach einer kalten windigen Rückfahrt heftige Ohrenschmerzen bekam. Nach einer unruhigen Nacht beschlossen meine Eltern, im *Adler* zu fragen, wer der nächste motorisierte Arzt war. Bis dieser eintraf, bettete mich meine Mutter ins Elternschlafzimmer, das, wie schon erwähnt, diese Bezeichnung im Behelfsheim kaum verdiente. Aber für mich war das schon fast Luxus, in einem normalen Bett mit Aussicht auf den sonnigen Obstgarten zu liegen.
Den höllischen Schmerz, als der Arzt mir dann das Trommelfell aufstechen musste, werde ich nie vergessen. Und als dann kurz darauf das

zweite Ohr dran war, gab mir der Arzt bei diesem Eingriff eine kurze Narkose. Lange noch war ich angehalten, mit Watte im Ohr und einer blöden Mütze auf dem Kopf rumzulaufen.

Zur Nachkontrolle musste ich zum Ohrenarzt nach Ulm gehen. Ich nehme an, dass mein Vater mich und die Mutter dorthin fuhr. Er hatte nämlich inzwischen begonnen, auf abenteuerliche Weise mit „Organisationstalent", wie es damals durchaus üblich war, wenigstens eines der zerstörten Fabrikgebäude innen wieder auszubauen. So musste er häufig nach Ulm fahren. Ich hatte immer noch dicke Wattepakete unter der Wollmütze vor den Ohren liegen. Der Arzt nahm ein Gummibällchen mit Spitze, das er in meine Nase steckte. Ich musste laut „A b e r  A n n a" sagen, worauf ein starker Druck auf das Trommelfell ausgeübt wurde. Erschrocken riss ich die Augen auf und schnappte nach Luft. „Ist alles in bester Ordnung", beruhigte mich der Ohrenarzt, und wir waren entlassen.

Gelegentlich besuchten wir auch die Oma, die immer noch bei ihrer Freundin in der Zinglerstraße wohnte. Sie hatte ein gemütliches Zimmer, das mit einigen ihrer geretteten schönen alten Möbel eingerichtet war. Oma hatte ihr altes Kanapee und den Tisch davor mit einem Pfingsrosenstrauß als sehr hübsches kleines Aquarell verewigt, das ich nach ihrem Tod als liebevolle Erinnerung an meine Oma aufgehängt habe. Wir wurden bei unserem Besuch sogar von Omas Freundin zum Mittagessen eingeladen. Obwohl dieses, wie überall, recht karg ausfiel und die Stimmung in dem düsteren, mit schweren alten Möbeln ausgestatteten Speisezimmer eher gedämpft war, bedeutete das Essen aus einer anderen Küche für uns eine willkommene Abwechslung.
Ich erwähnte schon, dass wir auch gelegentlich Besuch hatten, da die Freunde meiner Eltern sich ein eher romantisches Bild von dem be-

schaulichen, naturnahen Landleben bei uns in Elchingen machten. Diese Einstellung konnte unsere Familie nicht so ganz teilen. Tag für Tag bei Wind und Wetter auf den Abort im Wäldchen zu pilgern ist schon etwas anderes, als dies als lustige Abwechslung bei einem Besuch auf dem Land zu erleben!

Ich erinnere mich an den Besuch von Mutters blindem Jugendfreund Karl-Heinz. Wir Kinder zeigten ihm gegenüber so etwas wie Bewunderung, weil er es als Kriegsblinder geschafft hatte, ein Jurastudium mit Erfolg abzuschließen und seinen Beruf als Staatsanwalt auszuüben, aber auch Respekt vor seiner Persönlichkeit, wobei er durchaus auch imstande war, pausenlos Witze – natürlich für unsere Ohren geeignete – zu erzählen. Warum an jenem Mittag meine Mutter nicht anwesend war, weiß ich nicht mehr. Jedenfalls sollte ich dem Onkel Karl-Heinz eine Suppe aufwärmen, den Tisch decken und mit ihm schon mal essen. Es war warm draußen, sodass ich die Türe des Behelfsheimes offen ließ. Plötzlich sah ich draußen eines von Ferdes Hühnern herumspazieren. Es pickte mit zufriedenem Glucksen das spärliche Gras und kam dem Eingang immer näher. Tierlieb wie ich war, dachte ich gar nicht daran, das Huhn zu verscheuchen. Und als das Tier neugierig ins Innere kam, beobachtete ich das Huhn ebenfalls neugierig und war gespannt, was wohl weiter geschehen würde. Der Teufel muss mich geritten haben, als ich es sogar duldete, dass der Vogel auf den Mittagstisch hüpfte. Und dann packte Onkel Karl-Heinz die Wut. Er fuchtelte mit den Armen, woraufhin das erschrockene Huhn wie in einer Slapstick-Komödie urplötzlich im Suppentopf landete. Wie es unbeschadet wieder herauskam, weiß ich nicht mehr. Aber an die Entrüstung des Gastes über mein kindisches Verhalten, wobei mir das Lachen im Halse steckenblieb, erinnere ich mich genau.

Viel später habe ich dann in der Schule einen gelungenen Aufsatz mit dem bezeichnenden Titel *Das Suppenhuhn* geschrieben!

**Flucht**

Es kam der Moment, wo meine Mutter sich überlegte, ob es nicht doch inzwischen eine Möglichkeit gab, mit uns Kindern für eine gewisse Zeit in die Schweiz zu unserem Opa Basel zu fahren. Wie jede Mutter tat es ihr weh, den Zustand ihrer abgemagerten, verlaust gewesenen, halb kranken und überforderten Kinder mit anzusehen. Dort hinter der Grenze, in einem der wenigen Länder, die sich zumindest nach außen hin aus dem Krieg herausgehalten hatten, hätten wir im Haus des Großvaters ein warmes Zimmer, ein richtiges Bad – welcher Luxus –, hauptsächlich aber eine bessere Ernährung mit den notwendigen Vitaminen, die uns so fehlten. Und vielleicht konnten wir sogar in Basel eine Zeit lang die Schule besuchen.

Sie nahm Verbindung auf mit einem Bekannten, der in Grenznähe wohnte, und der, wie sie erfahren hatte, verantwortlich für regelmäßige Transporte des Roten Kreuzes in die Schweiz war. Er war bereit, uns – auf welchem Weg auch immer – dort in die Teilnehmerliste einzutragen. Vorerst jedoch sollten wir uns in Ravensburg aufhalten, von wo aus die Rotkreuztransporte abgingen. Freundlicherweise vermittelte er uns sogar für die Wartezeit bis zum nächsten Termin einen Aufenthalt bei einer Gutsfamilie außerhalb der Stadt. So wurden wir also unversehens so etwas wie eine der unzähligen Flüchtlingsfamilien, die damals das Land durchquerten und in Notunterkünften bei Ansässigen hausten. Die Dame des Hauses war zwar freundlich, aber man konnte es ihr trotzdem nicht verdenken, dass sie uns gegenüber eine gewisse Distanz wahrte. Wir wohnten in einem ganz hübschen kleinen Gästezimmer, in das man ein drittes Bett gestellt hatte. Das Zimmer hatte glücklicherweise sogar ein Waschbecken mit fließend kaltem u n d warmem Wasser.

Meine Mutter hielt uns an, immer ruhig und höflich zu sein und auch überall unsere Hilfe anzubieten. Die Mahlzeiten, die in jener besonders schlimmen Zeit der Lebensmittelknappheit diesen Namen kaum verdienten, wurden – noblesse oblige – gemeinsam im schönen Speisezimmer mit den großen Fenstern zum Garten eingenommen. Mit am Tisch saß die Schwiegermutter der Hausherrin, deren Sohn übrigens noch in englischer Gefangenschaft war. Die sehr alte Dame war schon ein wenig dement und erzählte immer wieder dieselben alten Erinnerungen an frühere Garnisonen und schwärmte von den schönen Uniformen der Roten Ulanen. Dies vermehrt, nachdem sie unser anfängliches höfliches Interesse wahrnahm, das uns jedoch bei der x-ten Wiederholung immer schwerer fiel! Nach den Mahlzeiten halfen wir in der Küche beim Abtrocknen. Eine lästige Arbeit war auch das Reinigen der nicht rostfreien alten Messerklingen mit Vim und einem alten Weinkorken. Im oberen Stockwerk des Gutshauses gab es auch einen schönen Festsaal und sogar eine kleine Ahnengalerie. Außerdem entdeckte ich einen wunderbaren Schatz im Bücherschrank, nämlich sämtliche Storm-Novellen. Die Dame des Hauses erlaubte mir, die Bücher herauszunehmen und zu lesen, oder, wie ich es schon damals tat, eher zu verschlingen. Und als sie mein Interesse und meine Begeisterung für Theodor Storm sah, revidierte sie vielleicht auch ein wenig ihre Einstellung gegenüber uns Flüchtlingen.

Da wir uns als artige Kinder, die strengen Ermahnungen unserer Mutter im Ohr, bei dem kargen Essen auch noch zurückhielten und uns nie satt essen konnten, entwickelten wir mit der Zeit einen ständigen Hunger, der uns den ganzen Tag über begleitete. Ein Glück war, dass gerade zu jener Zeit die Äpfel in den Obstgärten rund um das Gut reif wurden, von denen wir ungeniert ganze Mengen auf den Wiesen auflasen und verspeisten. Das füllte immerhin gut den Magen.

Eine indirekte Hilfe leisteten meine Schwester und ich, indem wir die Kinder des „Schweizers", wie man dort den Melker und Stallarbeiter nannte, beschäftigten. Wie durch Zufall kamen wir auf allerhand Ideen für Spiele und Basteleien, die den beiden kleinen Mädchen anscheinend richtig Spaß machten. Die Mutter war froh, ihre Kleinen so gut beaufsichtigt zu wissen, und lud uns gelegentlich zu einem Vesper ein, das zwar auch nicht gerade üppig war, aber wieder einmal unsere hungrigen Mägen füllte. Ob sich die Gutsherrin an jenen Tagen am Mittagstisch gewundert hat, dass unser „Nein danke" für eine zweite Portion des kärglichen Essens überzeugender klang als sonst, weiß ich nicht …

Je länger wir der Herrin des Hauses zur Last fallen mussten, desto nervöser wurde unsere Mutter. Immer noch waren anscheinend nicht alle Papiere in Ordnung und stand der Abfahrtstermin für den Transport nicht fest. Und als ganz plötzlich eines schönen Tages der lange vermisste Ehemann der Gastgeberin vor der Türe stand und sie ihn weinend vor Freude in die Arme schloss, beschloss meine Mutter spontan, den Standort zu wechseln und in das Bahnhofshotel von Ravensburg umzuziehen. Der Leiter des Roten Kreuzes war ihr dabei behilflich. Es war ein Glück, dass kurz darauf endlich der große Tag kam, denn der Aufenthalt in diesem graugrünen, von Granatsplittern verunstalteten alten Gebäude war schrecklich. An einem der letzten Tage hatten wir Kinder ein unvergessliches Erlebnis. Es war eigentlich recht unbedeutend, aber doch so bezeichnend für die ganze Situation jener Tage.

Wieder einmal saßen wir bei Tisch in jenem alten Speisesaal vor dem fast immer gleichen Menü, das aus gekochten Rüben und Kartoffeln bestand. Neben uns am Tisch saß eine Gruppe Franzosen, denen – oh Herrlichkeit! – eine Portion Nudeln mit Soße serviert wurde. Wir konnten den Blick nicht von diesen Köstlichkeiten wenden. Und als unsere Mutter die hungrigen großen Augen ihrer Mädchen sah, verlor sie ganz plötzlich die seit Wochen mühsam gewahrte Beherrschung und brach am Tisch in bitterliches Weinen aus. Wir Kinder waren total geschockt,

Mutter, die Allwissende, die Führerin unserer Tage war plötzlich nur noch ein zitterndes, weinendes Bündel Elend. Natürlich saßen wir wie erstarrt am Tisch, hilflos, und konnten einfach nur warten, bis sich Mutti wieder beruhigt hatte. Dies geschah denn auch. Offensichtlich hatte auch niemand von der kleinen Tragödie dort am Tisch Notiz genommen. Und so aßen wir mit zugeschnürter Kehle unser Gemüse auf.

Und schon am nächsten Tag war es endlich soweit. Wir drei sollten im Privatwagen des Verantwortlichen mitgenommen werden, der dem Transportbus nachfahren würde. Gegen Abend standen wir mit fertig gepackten Koffern vor dem Eingang des Hotels, wo uns der freundliche Herr aufnahm. Unsere Aufregung war groß, endlich die Schweiz, endlich genügend zu essen, endlich den Großvater sehen, auch wenn wir nach wie vor immer mit etwas Respekt an ihn dachten.
Aber so einfach, wie wir uns dies gedacht hatten, sollte der Übergang nicht ablaufen, wie wir recht bald erfahren sollten. Kurz vor der Grenze tauchten in der Dunkelheit Soldaten auf der Landstraße auf. Sie winkten. Unser Fahrer kümmerte sich nicht darum und fuhr weiter. Da knallten Schüsse hinter uns, der Fahrer beschleunigte. Starr vor Schreck duckten wir uns hinten auf dem Rücksitz. Aber mit stoischer Ruhe fuhr unser Chauffeur weiter und versuchte sogar, uns zu beruhigen. Meine Mutter wagte die Frage, w a r u m denn geschossen wurde, ob mit unseren Papieren vielleicht nicht alles in Ordnung wäre. Sie erhielt eine ausweichende Antwort. Den letzten Teil bis zum Grenzübergang schauten wir ständig durch die dunklen Scheiben, ob wieder irgendwelche Gestalten oder ein winkendes Licht auftauchen würden. Der Schreck saß uns noch in den Gliedern. Meine Mutter machte ihr uns bekanntes verbissenes Gesicht.
Der Wagen hielt in Kreuzlingen – hurra, wir waren in der Schweiz.
A b e r ,  uns stand noch Einiges bevor, nämlich eine demütigende Rei-

nigung und Desinfizierung, die wir, bevor wir das saubere Schweizer Land betreten durften, erdulden mussten. Wir wurden in ein etwas abseits liegendes Gebäude geführt, die Männer kamen auf die eine, die Frauen auf die andere Seite. In dem Raum, in dem wir uns komplett ausziehen mussten, roch es stark nach Desinfektionsmitteln. Zögerlich taten wir, wie uns geheißen wurde. Welche Überwindung es uns Kindern und genauso den anderen wildfremden Frauen des Transports kosten musste, sich vor aller Augen zu entkleiden, kann man sich vorstellen. Zum ersten Mal sah ich als Dreizehnjährige den Körper von alten Frauen, das welke Fleisch, die hängenden Brüste. Aber ich hatte keine Zeit, lange nachzudenken. Das Kleiderpaket wurde abgegeben. Dann mussten wir uns unter eine heiße Dusche stellen und uns gründlich abseifen. Aber das war den Obrigkeiten noch nicht genug. Eine Helferin kam mit einer Desinfektionsspritze aus Messing und sprühte jeden einzelnen Nackedei mit dem stinkenden Zeug ein. Dann endlich durften wir uns abtrocknen und bekamen vorübergehend graue Decken übergehängt, bis wir unsere ebenso gründlich von allen Mikroben befreiten Kleider wiedererhalten sollten. Auf einer langen Bank warteten die Frauen, eine einheitliche, anonyme graue Masse in kratzigen grauen Decken, die alles verhüllte. Erst als wir unsere Kleider zurückbekamen und ange zogen hatten, fühlten wir wenigstens ein klein wenig mehr Selbstachtung. Eine Helferin führte uns in einen großen Essraum mit langen Tischen, an denen wir eine Mahlzeit zu uns nehmen sollten. Milchkaffee und belegte Brote, an denen wir – wen wundert es – keine große Freude hatten. Zu sehr noch waren wir alle, Erwachsene und Kinder, von dem Erlebten geschockt.

Aber dann – endlich – wurden wir ins gelobte Land entlassen. Jeder konnte gehen, wohin er wollte. Und wir sahen schon von Weitem den Wagen vom Opa Basel. Nie werde ich diesen Moment der Erleichterung vergessen, der mich damals überfiel. Und es war nicht nur Erleichterung, es war das Gefühl der Freiheit nach diesen Wochen der ewigen Anpassung und den zuvor erlebten Reinigungsprozessen.

Nach den ersten Tagen der Eingewöhnung bemerkte ich zu meinem Erstaunen, dass auch die Schweizer darüber klagten, wie schlimm der Krieg für sie gewesen sei. „Stellt Euch vor, es gab keinerlei Südfrüchte!", was uns ganz einfach die Sprache verschlug. Wir spürten, dass wir anders waren, geprägt durch die ganzen Erlebnisse der letzten Jahre, und dass ein Schweizer, auch die liebe Patentante und der strenge korrekte Opa Basel, das nie verstehen konnten.

Erstere lud uns ins Café zu Därtli und Kakao ein. Wie gern hätten wir statt Minitörtchen mindestens das Doppelte dieser Köstlichkeiten verspeist. Aber unsere gute Erziehung verbot uns solche Gier, über die die gute Tante sicher befremdet den Kopf geschüttelt hätte.

Beim Großvater musste man, wenn im Radio die Nachrichten kamen, ganz ganz still sein. Opa bekam dann, je nach Mitteilung, kleine Zornausbrüche oder zeigte so eine Art Schadenfreude. Oft fiel auch der Ausdruck „d'Sauschwobe", was uns ganz normale richtige Schwaben schmerzte. So viel verstanden wir Kinder doch schon, dass das eigentlich recht taktlos war. Übrigens meinten die Schweizer mit den ‚Schwoben' ganz allgemein die Deutschen. Da mussten also die armen Württemberger als Negativ-Image für ein ganzes Volk herhalten.

Es gab aber auch wunderbare, für uns ganz neue Erlebnisse. Man betrat einfach einen Laden und kaufte, was einem gefiel. Unsere Mutter ging mit uns Mädchen in ein großes Konfektionsgeschäft und kaufte für uns Mädchen je ein wollenes Sonntagskleid für den kommenden Winter. Welch ein Glücksgefühl, unter mehreren Angeboten auswählen zu können!

Kurz darauf meldete die Mutter meine Schwester in der Primarschule unseres Quartiers und mich bei der Sekundarschule in der zweiten Klasse an, die meinem augenblicklichen Niveau am ehesten entsprach.

Ich musste dann nur ein paar Stunden Nachhilfeunterricht in Französisch nehmen, um der normalen Französischstunde folgen zu können. Nachdem meine Schwester in ihrer Klasse aufgenommen worden war, gingen wir weiter bis zu der für mich bestimmten Schule, die vom Äußeren her große Ähnlichkeit mit der inzwischen in Schutt und Asche liegenden Oberschule in Ulm hatte. Der Hausmeister zeigte uns den Klassenraum von Herrn Speiser. Auf sein Klopfen hin erschien der Lehrer in der Türe, die er sofort wieder hinter sich schloss. Er begrüßte mich freundlich, sprach ein paar Worte mit meiner Mutter und erklärte uns dann, er würde, bevor ich in die Klasse käme, seine Schülerinnen dahingehend informieren, das ich zwar Deutsche wäre, aber dass man mir gegenüber anständig und freundlich sein solle. Ich wäre eine ganz normale Schülerin wie die anderen in der Klasse auch.

Jetzt erst wurde mir mit einem Schlag bewusst, was wir Normalbürger aus Deutschland in den Augen der anderen für ein Stigma mit uns herumtrugen, bedingt durch die Nazizeit und die ganzen Kriegs- und Nachkriegsjahre.

So standen wir zwei bangen Herzens vor der verschlossenen Türe, aber auch mit Gefühlen, die wir im Moment nicht einordnen konnten. Dann aber ging die Türe weit auf und Herr Speiser ließ mich eintreten, nachdem er freundlich meiner Mutter zugenickt hatte. Er stellte mich den Mädchen vor, die mich aus großen neugierigen Augen anstarrten. Ein beklommenes Gefühl stieg in mir hoch angesichts der vielen Gesichter, die mir zugewandt waren. Aber da meldete sich ein dunkelhaariges Mädchen in der rechten Reihe und bat darum, dass ich neben sie sitzen solle. Ich rutschte schüchtern auf den freien Platz neben dem Mädchen. Sie strahlte mich an: „Salü Vreni, ich bin s'Yvonne." Wir gaben uns die Hand.

Ich war angenommen! Der Bann war gebrochen.

**Ausklang**

Kurz nach unserer Rückkehr aus der Schweiz hatte mein Vater inzwischen die Wohnung im Fabrikgebäude halbwegs so weit hergestellt, dass wir dort einziehen konnten. Das Schlafzimmer meiner Eltern wies zwar vorerst nur einen Betonboden auf, aber immerhin hatten wir wieder richtige Zimmer, sogar ein Bad neben der Küche mit einem Holzbadeofen, sodass wir nach heftigem Einheizen das rituelle Bad am Samstagabend genießen konnten!

*Ein letztes Foto meines Großvaters Heitz aus Basel*

Aus unserem Haus waren inzwischen die Amerikaner ausgezogen, aber unglücklicherweise wurde von der Stadtverwaltung eigenmächtig eine Ulmer Familie dort untergebracht, deren Haus noch von den Amis besetzt war. Die Vorsprache meiner Mutter beim Bürgermeister – sie konnte so etwas viel besser als mein Vater – brachte leider nichts, trotz zornigem Hinweis auf diese Ungerechtigkeit.

Unsere Oma bekam ein Zimmer in der neuen Fabrikwohnung und zog auch später mit uns in die etwas komfortablere Vierzimmerwohnung am Rande der Stadt. Dort ist sie dann nach längerer, mit Geduld ertragener Krankheit still und sanft für immer eingeschlafen.

Als das Reisen ins Ausland wieder möglich wurde, besuchten wir anlässlich eines Familienfestes auch den Opa Basel. Dass dies das letzte Mal sein würde, wussten wir damals nicht. Sein schmales Vorstadthaus mit dem dunklen Salon, der verglasten Veranda mit Blick auf den handtuchschmalen Garten, in dem wir immerhin damals nach Kriegsende neun Monate verbracht hatten. Kurz darauf starb der Opa Basel, und das Haus wurde verkauft.

Viel später dann wurde unser Haus frei, und wir konnten endlich wieder einziehen. Aber ich war kein Kind mehr, mich zog es von zu Hause weg. Der Zauber der frühen Kindheit war in den Wänden dieses Hauses verflogen.

So viele Häuser sind entweder zerstört oder halb verfallen oder sie sind schon längst im Besitz anderer Menschen. Aber meine Erinnerungen daran sind unzerstörbar. Und so wollte ich diese, im Frieden mit mir selbst, meinen Kindern, Enkeln und vielleicht mal Urenkeln weitergeben!

*Meine Familie im kleinen Garten bei der Fabrik. Dick war damals in der Nachkriegszeit keiner!*

## Nachwort von Ulrich Seemüller

Im vorliegenden Band hat Verena von Asten die Erinnerungen an ihre Kinder- und Jugendjahre so anschaulich niedergeschrieben, dass sich der Leser mit ihren Erlebnissen zu identifizieren und sich an ähnliche Begebenheiten seiner eigenen Kindheit zu erinnern vermag. Lebensberichte sind Quellen, die in ihrer persönlichen Färbung der Nachwelt das Lebensgefühl einer bestimmten Epoche nahebringen können. Noch mehr vervollständigt und stärker objektiviert kann dieses Bild werden, wenn die Dimension des persönlichen Erlebens mit einer auf Quellenüberlieferung basierenden Darstellung der Lebensumstände dieser Epoche erweitert wird. Dies soll nun Gegenstand des Nachworts sein.
Nach dem Geburtseintrag Nr. 467/1932 im Ulmer Standesamt brachte Lily Johanna Eckart am Mittwoch, 10. August 1932 „vormittags um drei ein halb Uhr" – also am frühen Morgen gegen halb vier – im Johanneum in der Ulmer Parkstraße 11 ein Mädchen zur Welt. Diesem ersten Kind des Ehepaars Hans und Lily Eckart gaben die Eltern die Vornamen „Verena Felizitas Christine". Verena Eckart bzw. von Asten wurde in eine wirtschaftlich problematische und politisch äußerst unruhige Zeit hineingeboren. Im Deutschen Reich hatte nur wenige Tage zuvor eine Reichstagswahl stattgefunden, die den Nationalsozialisten einen triumphalen Wahlsieg bescherte und sie zur größten Fraktion werden ließ. Die bereits seit mehreren Jahren anhaltende Massenarbeitslosigkeit und gravierende wirtschaftliche Einschnitte hatten zahlreiche Wähler für radikale Parolen von rechts wie auch von links empfänglich gemacht.
Ulm war damals eine Stadt mittlerer Größe mit ungefähr 60.000 Einwohnern. Die Stadt wurde von dem seit 1919 im Amt befindlichen parteilosen Oberbürgermeister Dr. Emil Schwammberger geleitet, der sich lange Jahre auf eine bürgerlich-liberale Mehrheit stützen konnte.

Seit der letzten Gemeinderatswahl vom Dezember 1931 und dem damit einhergehenden Einzug der Nationalsozialisten sah er sich jedoch zunehmenden Attacken ausgesetzt, die am 19. September 1932 darin gipfelten, dass er den Vorsitzenden der NS-Ratsfraktion unter Polizeieinsatz aus dem Ratssaal weisen ließ[1].

Die Auswirkungen der Weltwirtschaftskrise hatten bereits seit längerem auch Ulm erfasst, was sich bei den Betrieben in einem Mangel an Auftragseingängen und bei den Beschäftigten durch zunehmende Kurzarbeit und Entlassungen schmerzlich bemerkbar machte. Die Zahl der krisenunterstützten Kurzarbeiter nahm im Stadtgebiet Ende Dezember 1932 innerhalb von nur zwei Wochen von 935 auf 998 Fälle zu[2]. Die Zahl der Bezieher von Arbeitslosenunterstützung stieg im gleichen Zeitraum von 711 auf 812 Personen, wobei zu diesen noch 1.601 „Wohlfahrtserwerbslose" im Arbeitsamtsbezirk hinzukamen, die von der gemeindlichen Fürsorge lebten. Bei den Wieland-Werken, einem der größte Arbeitgeber in der Stadt, nahm die Beschäftigtenzahl aufgrund der Weltwirtschaftskrise von 717 Personen im Jahre 1929 um mehr als 32 Prozent auf 486 Beschäftigte bis 1932 ab. Und bei der deutlich kleineren, in der Bleichstraße 1 ansässigen Lacklederfabrik Johann Michael Eckart gingen die Umsatzzahlen so weit zurück, dass Unkosten und Bankzinsen bald den Geschäftsgewinn überwogen[3]. Nur durch außergerichtliche Vergleiche mit Lieferanten, einem größeren, die Fabrikgebäude und Wohnhäuser belastenden Kredit der Gewerbebank und einem Privatdarlehen der Baseler Schwiegereltern des Juniorchefs Hans Eckart ließ sich ein Konkurs vermeiden.

In dieser von allgemeinen Existenzängsten geprägten Atmosphäre wurde in der Reichshauptstadt den Nationalsozialisten am 30. Januar 1933 die Macht übertragen. Auch in Ulm veranstalteten die neuen Machthaber an diesem Abend einen Fackelzug durch die Stadt, der demonstrieren sollte, wer von nun an das Sagen hatte. In der Reichs-

---
1 Stadtarchiv Ulm, B 005/5 Nr. 282, § 122.
2 Hierzu und zum Folgenden: Ulrich Linse, Ulmer Arbeiterleben vom Kaiserreich zur frühen Bundesrepublik, Ulm 2006, S. 57 ff.
3 Hans Eckart, Von Ulm nach Orselina. Erlebnisse und Erfahrungen in 70 Jahren, masch., Orselina 1976, S. 93 f. (in: Stadtarchiv Ulm, G 2 Hans Eckart).

tagswahl vom 5. März 1933 wurden die neuen Machthaber von Millionen Wählern, die nur zu gern den Verheißungen eines „nationalen Wiederaufstiegs" Glauben schenkten und davon zu profitieren hofften, in ihrem bisherigen rücksichtslosen Vorgehen bestätigt. Mit dieser Ausgangsbasis griffen die Nationalsozialisten nun auch in den Ländern und Gemeinden nach der Macht. Durch Suspendierung des bisherigen Oberbürgermeisters brachten sie Mitte März 1933 das Ulmer Rathaus unter ihre Kontrolle. Nur wenig später setzten sie einen „gleichgeschalteten" Gemeinderat ein, in dem seit Sommer 1933 nur noch Räte der NSDAP und deren „Hospitanten" saßen.

Die neue Reichsregierung kurbelte die Konjunktur durch eine aggressive, insbesondere über Banknoten- und Haushaltsdefizit-Vermehrung finanzierte großflächige Wiederaufrüstung an, was auch in der Lederfabrik Eckart zu einem starken Anstieg der Auftragseingänge führte. Nach den Jahren der Rezession dürfte der wirtschaftliche Aufschwung bei Geschäftsleitung und Belegschaft für große Erleichterung gesorgt haben. Zahlreiche umfangreiche Heeresbestellungen über Pferdegeschirre, Tornister, Brotbeutel, Lackkoppeln und Munitionstaschen mussten nun bearbeitet werden, wozu die Belegschaft innerhalb weniger Jahre von bislang 30 auf 180 Beschäftigte (1936) aufgestockt wurde. Der stark veraltete Maschinenpark konnte stückweise erneuert werden und 1937 auch ein großer Erweiterungsbau für die Gerberei errichtet werden[4].

In der zweiten Hälfte der dreißiger Jahre existierten als Geschäftskonkurrenz zur Lederfabrik Eckart die in der Gerbergasse 14/18 ansässige kleinere Gerberei Wilhelm Falch, die etwa gleich große benachbarte Lederfabrik Friedrich Schäfer in der Bleichstr. 24/26 und die deutlich größere Lederfabrik und Aktiengesellschaft Gabriel Lebrecht in der Wielandstr. 50. Zwischen den Firmen Eckart, Schäfer und Lebrecht hatten trotz der Konkurrenzsituation offenbar gute Kontakte bestanden,

---

4 Stadtarchiv Ulm, B 613 Bleichstr. 1, BTB 53/1937.

da die Söhne der Familien Schäfer und Eckart kurz nacheinander 1919 und 1920 bei Lebrecht eine Ausbildung anfingen, bei der sie modernste Fabrikationsverfahren zu sehen bekamen. In den dreißiger Jahren konnten die beiden in der Bleichstraße ansässigen mittelständischen Lederfabriken schließlich ganz erheblich von der Heeres-Aufrüstung profitieren, was der von einem jüdischen Fabrikanten geleiteten Lederfabrik Lebrecht aus „rassischen Gründen" wohl weitaus weniger möglich gewesen sein dürfte. Ende 1938 wurde Lebrecht schließlich „arisiert" und firmierte von nun an unter „Kunz & Wanner" bzw. „Ulmer Lederfabrik". Aus Quellenmangel bislang ungeklärt ist, ob und wie sich die „Arisierung" des großen regionalen Konkurrenten auf den Geschäftsgang der kleineren Betriebe auswirkte.

Da die für die Betreuung kriegswichtiger Firmen zuständige „Wehrwirtschaftsstelle in Ulm" – seit November 1939 umbenannt in „Kommando des Rüstungsbereichs Ulm a. D." – die Lederfabrik Eckart als „Wehrwirtschaftsbetrieb" einstufte, hatte es ab 1937 auch an Mobilisierungsübungen teilzunehmen[5]. In diesen Planspielen wurde der Übergang von einer Friedens- auf eine Kriegswirtschaft simuliert. Hans Eckart musste hierbei den voraussichtlichen, unter Kriegsbedingungen eintretenden Bedarf an Rohstoffen, Personal und Energie vorausberechnen und dem Rüstungskommando unter Verwendung entsprechender Formblätter mitteilen. Damit verbunden war auch die Durchführung konkreter Luftschutzmaßnahmen, wobei es von offizieller Seite dabei stets geheißen habe, dass an einen Krieg nicht zu denken sei und es sich um reine Vorsorgemaßnahmen handeln würde.

Mit Kriegsbeginn im September 1939 war die eingeübte Mobilisierung für die Lederfabrik Eckart plötzlich Realität geworden. Allerdings bewegten sich die Auftragseingänge entgegen des für den Kriegsfall berechneten hohen Anstiegs zunächst auf gleicher Höhe wie zuvor. Es gab nur den Unterschied, dass die Aufträge fortan von weitaus we-

---

5 Eckart (wie Anm. 4), S. 100 f.; vgl. dazu Ulrich Seemüller, Industrie, Gewerbe und Handel im Zeichen der Kriegswirtschaft, in: Hans Eugen Specker (Hrsg.), Ulm im Zweiten Weltkrieg (Forschungen zur Geschichte der Stadt Ulm, Reihe Dokumentation, Bd. 6), Ulm 1995, S. 189 ff.

niger Beschäftigten abgearbeitet werden mussten, da ein Drittel der Belegschaft – hier v. a. Facharbeiter mit Sattlerausbildung – von der Wehrmacht eingezogen worden war. Und für diesen personellen Aderlass gab es – ebenfalls im Gegensatz zu den Mobilisierungs-Planspielen – vorläufig auch keinerlei Ersatz.

Mit Fortdauer und zunehmender Ausweitung des Krieges erhöhte sich der Wehrmachtsbedarf an Lederartikeln und somit auch die Zahl der Heeresbestellungen bei der Lacklederfabrik. Und vermutlich beginnend im Sommer 1940, spätestens aber seit dem Frühjahr 1941 bekam Eckart zusätzliches Personal: Als teilweisen Ersatz für die zunehmend wehrmachtseinberufenen Facharbeiter erhielt die Lederfabrik in der Regel ungelernte, in ihren Heimatländern zwangsrekrutierte und ins Reichsgebiet verschleppte Zwangsarbeiter zugewiesen[6]. So kamen dort mindestens zwei Franzosen, vier Jugoslawen und 16, überwiegend junge und vor allem aus der Ukraine stammende Zwangsarbeiterinnen zum Einsatz. Ebenfalls dort beschäftigt war ein zum Zeitpunkt seines Eintreffens erst 16-jähriger Pole, der vermutlich erst 1941/42 nach Ulm verschleppt worden sein dürfte. Die Zwangsarbeitskräfte wurden auf dem Eckartschen Fabrikgelände in der Bleichstraße untergebracht, was seinerzeit – da die große Zahl der in Ulm eingesetzten „Fremdarbeiter" doch unter recht unhygienischen Verhältnissen in Barackenlagern am Roten Berg oder auf der Gänswiese hausen musste[7] – nicht die Regel war. Für die Zwangsarbeiterinnen wurde im ersten Stock des Gebereianbaus ein Schlafsaal eingerichtet, während die Männer in Einzelzimmern untergebracht wurden. Die Arbeitsleistung der Zwangsbeschäftigten wurde von der Geschäftsleitung als zufriedenstellend eingeschätzt, wobei hierfür sicherlich auch die wohl gute Behandlung verantwortlich war[8]. Ein Hinweis dafür wäre auch, dass der polnische und die jugoslawischen Zwangsarbeiter nach Kriegsende nicht in ihre Heimat heimkehrten, sondern in der Region blieben.

6 Zum Folgenden: Eckart (wie Anm. 4), S. 113 ff.
7 Vgl. dazu Seemüller (wie Anm. 6), S. 216 ff.
8 So dargestellt in Eckart (wie Anm. 7).

Bereits kurz nach Kriegsbeginn hatte Hans Eckart begonnen, wertvollere Möbel und weiteren Hausrat an verschiedene, z. T. außerhalb Ulms gelegene Standorte zu verteilen. Gewarnt durch Berichte über die Bombardierung anderer Städte begann er spätestens 1943 auch mit der Auslagerung von Maschinen und Rohstoffen. So wurden Teile der Produktion in eine Vöhringer Zweigstelle ausgelagert. Als dann am Abend des 17. Dezember 1944 der große Luftangriff auf Ulm erfolgte, wurden die in Bahnhofsnähe gelegenen Fabrikanlagen in der Bleichstraße sowie unzählige weitere Gebäude in der Stadt weitestgehend zerstört. Trotz der Vorsorgemaßnahmen bedeutete dieses Bombardement für die Lederfabrik Eckart – und zahllose weitere Ulmer Gewerbetreibende – das Aus.

Fazit: Der nach 1933 bei der Lederfabrik Eckart und zahlreichen anderen Ulmer Unternehmen zu beobachtende enorme wirtschaftliche Aufschwung war einer ungehemmten nationalen Aufrüstung geschuldet, die 1939 in einen zunächst europäischen und ab 1941 dann weltweiten Eroberungskrieg mündete. Dieser von der Wehrmacht in ferne Länder getragene Krieg schlug in den folgenden Jahren vor allem durch Luftangriffe auf das Reich zurück, was Ende 1944 auch in Ulm spürbar wurde. Nach der Ausbombung der Firma und Beschlagnahmung des Wohnhauses musste die Familie Eckart - wie viele andere Ulmer auch - das Umland aufsuchen und konnte erst Jahre später wieder in die Stadt zurückkehren. In den von Verena von Asten geschilderten, vielfach bitteren Erlebnissen der Kriegs- und Nachkriegsjahre werden Gefühle spürbar, die zahllose Angehörige der so genannten „Kriegskinder-Generation" an die eigenen Nöte und leidvollen Erfahrungen dieser Jahre erinnern dürften.

## Historische Fotos aus den 30er und 40er Jahren

Fischermädchen mit Ulmer Spatz auf der Häuslesbrücke bei der Vorbereitung zum
Fischertanz am Schwörmontag  August 1935
Foto: Haus der Stadtgeschichte – Stadtarchiv Ulm

„Wiener Waschmadel-Schiff" beim Nabada August 1938
Foto: Sammlung Bihr, Haus der Stadtgeschichte – Stadtarchiv Ulm

Kinder in einer mit Hakenkreuzfahnen geschmückten kleinen Ulmer Schachteln für das Nabada am Schwörmontag August 1938
Foto: Sammlung Bihr, Haus der Stadtgeschichte – Stadtarchiv Ulm

*Wahlparole über der Hirschstraße im April 1938 nach der Annexion Österreichs am 12. März 1938; im Vordergrund rechts die Hirsch-Apotheke*
*Foto: Haus der Stadtgeschichte – Stadtarchiv Ulm*

Hitlerjungen auf Reisen am Ulmer Bahnhof im Juli 1940
Foto: Haus der Stadtgeschichte – Stadtarchiv Ulm

Schießbude des Winterhilfswerkes auf dem Hauptwachplatz im September 1941
Foto: Haus der Stadtgeschichte – Stadtarchiv Ulm

Tombola für das Winterhilfswerk; junge Mädchen sammeln auf dem Christbaummarkt (Münsterplatz) im Dezember 1942
Foto: K. Sigl, Haus der Stadtgeschichte – Stadtarchiv Ulm

US-Soldaten mit Sherman-Panzer in der Hirschstraße am 24. April 1945
Foto: US-Signal-Corps, Haus der Stadtgeschichte – Stadtarchiv Ulm

*Zinglerstraße/Ecke Schillerstraße mit dem Hotel Herzog Albrecht (Alter Herzog) und dem Fahrradhaus Held am 25. Februar 1945 nach einem Bombenangriff*
Foto: Sammlung Brünner, Haus der Stadtgeschichte – Stadtarchiv Ulm

*Blick vom Münster Richtung Süden mit Hauptwachplatz, Lange (Neue) Straße, Rathaus, Marktplatz bis zur Donau am 1. Januar 1945*
Foto: US-Army, National Archives Trust Fund Board, Washington; Haus der Stadtgeschichte – Stadtarchiv Ulm

**Ergänzende Literatur**

- Peter Benkowitsch, Kinderspiel in Neu-Ulm zwischen 1900 und 1935, masch. Zulassungsarbeit, Neu-Ulm 1982 (Stadtarchiv Ulm, stab 1503).

- Bettina Herrmann, Das tägliche Leben zwischen Einschränkung und Pflichterfüllung, in: Hans Eugen Specker (Hrsg.), Ulm im Zweiten Weltkrieg (Forschungen zur Geschichte der Stadt Ulm, Reihe Dokumentation, Bd. 6), Ulm 1995, S. 55-98.

- Helmut Merkel, Der Sohn des Volksfeindes. Kindheitserinnerungen eines in Ulm Geborenen 1924-1935, masch., Ulm 1984 (Stadtarchiv Ulm, stab 1765).

- Siegfried Ruoß, Ulmer Kinderbuch, Ulm 1990.